인공지능과 글로벌 한국학

인공지능총서

인공지능 시대입니다. 기계가 인간의 인지를 대신하고, 사물이 인간을 통하지 않고 다른 사물과 직접 커뮤니케이션합니다. 이에 따른 인간 삶과 문명 변화를 정확히 이해·예측·대응하는 것은 이 시대 우리 모두의 과제입니다. 인공지능총서는 인공지능 기술과 환경의 여러 주제를 10가지 키워드로 정리합니다. 관련 개념과 이론, 학계와 산업계의 쟁점, 우리 일상의 변화를 다룹니다. 인간과 기술의 현재, 미래를 세심히 분석합니다.

일러두기

- 인명, 작품명, 저서명, 개념어 등은 한글과 함께 괄호 안에 해당 국가의 원어를 병기했습니다.
- 외래어 표기는 현행 어문규정의 외래어표기법을 따랐습니다.
- 이 책은 2022년 대한민국 교육부와 한국연구재단의 인문사회 융합 공동연구 지원사업의 지원을 받아 수행된 연구임(NRF-2022S1A5A2A03052935).

인공지능과 글로벌 한국학

조은경

대한민국, 서울, 커뮤니케이션북스, 2025

인공지능과 글로벌 한국학

지은이 조은경
펴낸이 박영률

초판 1쇄 펴낸날 2025년 3월 14일

커뮤니케이션북스(주)
출판 등록 2007년 8월 17일 제313-2007-000166호
02880 서울시 성북구 성북로 5-11
전화(02) 7474 001, 팩스(02) 736 5047
commbooks@commbooks.com
www.commbooks.com

ISBN 979-11-7307-644-2 03500

책값은 뒤표지에 표시되어 있습니다.

차례

인공지능이 만들어 가는 지구화

우리는 노벨 문학상을 받은 한강의 작품을 읽기 위해 서점을 뒤지기도 하고 또 운 좋게 사 둔 그녀의 책을 다시 펼쳐 읽으면서 그녀의 글쓰기를 음미한다. 그런 한편, 인공지능 서비스의 언어 생성 결과에 감탄하며 이 녀석의 글쓰기 파편을 가져다가 이런저런 편집을 하는 이중적인 삶을 살고 있다.

챗지피티(ChatGPT)의 성공으로 인공지능 언어 모델이 학문, 일상, 산업의 전반에 큰 영향을 주고 있다. 한국은 정보 기술 강국이면서 K-컬처로 국가 인지도가 높아지고 있는 문화 강국이기도 하다. 이러한 정세 속에 더 빠르게 대중화되고 지구화를 가속화시키고 있는 인공지능의 면모를 살핌과 동시에 한국학을 국학 또는 지역학으로 보기보다는 세계적 관점에서 보는 글로벌 한국학과의 연결 고리에 대해 탐색해 본다.

인공지능은 더 이상 기술이나 공학 분야의 전문 용어가 아니라 우리 일상 용어로 자리 잡았고 많은 분야의 전문가들이 머지않은 미래에 한국 사회의 여러 부문에 적

지 않은 변화를 가져올 것이라고 말하고 있다.

인공지능과 지구화

챗지피티가 2022년 11월 서비스를 시작하자 일주일 만에 사용자는 엄청난 속도로 증가했고 전 지구가 들썩일 정도였다. 그리고 이후 2년이 채 못 된 시간 동안 인공지능이란 말은 우리의 일상에 깊숙이 파고들었으며 노동시장의 변화나 예측에 대한 수많은 논의가 진행되게 했고 인공지능 솔루션 기업의 가치를 크게 상향시키며 세계적인 영향력을 가지게 되었다.

인공지능(artificial intelligence, AI)은 이제 더는 설명을 필요로 하지 않는 일상어가 되었다. 챗지피티가 나오기 전까지만 해도 학문 분야 전문 용어로 쓰이는 일이 많았으나 이제는 우리 일상 깊숙이 자리 잡았고 앞으로도 인간의 삶에 많은 변화를 만들어 갈 것이라고 전 지구적으로(globally) 말해지고 있다.

글로벌라이제이션(globalization, 지구화)은 얼마 전까지만 해도 인공지능이나 기술보다는 주로 경제, 사회, 문화의 성장과 발전에 대해 국가적 차원이 아니라 세계적 차원의 의존성을 설명할 때 쓰이는 용어였다. 어떤 지역이나 국가가 지구화가 되는 환경적 기반(infrastructure)

요소로서 기술, 운송, 국제 협력 등이 언급되었다. 그런데 이제는 기술과 그 서비스로서의 인공지능이 지구화를 설명하는 보다 직접적인 요인이 된 듯하다. 지구화에 관한 설명의 그 어느 부문에서도 인공지능의 영향을 곁들여 설명하지 않고서는 현재와 미래를 이야기하기 어려워졌기 때문이다.

1장 '글로벌 한국학'에서는 인공지능의 영향으로 인한 우리 사회의 변화와 함께 지구화에 대해서 살피고, 지구화 연구 즉 글로벌 연구(global studies)의 하나로 글로벌 한국학(global Korean studies)을 소개한다. 지금까지의 전통적 한국학과 달리 글로벌 한국학은 어떤 속성과 연구 방법의 변화를 가지는지 살펴본다. 데이터 과학적 한국학이라는 연구 방법론적 시도는 인공지능이 글로벌 영향력을 주고 있는 이 시점에 전통적인 순수 인문학적 한국학 연구 방법에서 인공지능을 적극 활용하는 한국학 연구 방법으로 가는 중간 단계 즈음에 해당하는 것이라 할 수 있다. 또, 어떤 학문 분야든 인공지능에 대해 말하고 있는 이때에 인공지능과 글로벌 한국학은 어떤 맥락에서 같이 논의될 수 있는지에 대해서 말한다.

2장 '인문학과 인공지능'에서는 언제나 이야기되어 온 인문학의 위기라는 말의 뜻을 생각해 보고 인문학의 핵심 역량인 글쓰기는 인공지능과 그 서비스에 어떤 영향을 주고 있는지, 또 인공지능 서비스를 글쓰기 도구로 활용함으로써 인문학을 더 활성화시킬 수 있을지 생각해 본다. 생성형 인공지능 서비스 챗지피티는 사람만큼이나 글쓰기가 유창해서 인공지능의 대중화를 이끌었고 그 영향력은 전 지구적이었다. 언어적 유창성이나 글쓰기는 인문학의 주요 특장점이자 인간이 다른 동물과 차별화되는 기본적 능력으로 언어 능력에서부터 시작된다. 인문학의 위기라는 말이 늘 있어 왔는데 게다가 인공지능에 의해 글쓰기까지 위협받고 있다. 그런데 가만히 생각해 보면 인공지능 서비스가 보인 언어적 유창성과 생성적 글쓰기가 사람들에게 큰 호응을 얻었다는 것은 인문학적 소양이 사람들에게 매우 필요한 역량임을 말하는 것이다. 최근에 인공지능 언어 모델을 기반으로 만들어진 노트북엘엠(NotebookLM)은 멀티모달 입력을 받아서 요약함과 동시에 편집기로 쓸 수 있는 글쓰기 도구다. 인공지능이니 언어 모델이니 하는 것들을 인문학자의 생산성을 높일 수 있는 브레인스토밍 도구 및 여러 형태의 자료를 활용할 수 있는 편집 도구로 활용해 갔으면 한다.

3장 '한국학을 위한 인공지능'에서는 인문학의 대표적

분야 중 하나로서 대중화와는 거리가 있었던 순수 학문으로서의 전통적 한국학에 관해 살펴보고 인공지능 기술의 대중화와 민주화라는 맥락에서 한국학의 연구 방법론적 변화에 대해 탐구해 본다. 인공지능 언어 모델을 사후 학습시키는 방식의 하나인 프롬프트 엔지니어링(prompt engineering)은 한국학적 지식 및 한국에 관한 대중 문화 지식을 생산하고 인공지능 서비스에 연결시키는 실용적이고 쉬운 방법의 하나다. 인공지능 민주화(AI democratization)는 디지털 격차를 해소하는 것이기도 하면서 지식을 더 많은 사람들이 향유할 수 있도록 하는 것이기 때문에 한국학을 위한 인공지능의 활용은 인공지능 민주화 활동의 하나이다.

4장 '인공지능 언어 모델과 챗지피티'는 단순히 '인공지능'이 아니라 굳이 '인공지능 언어 모델'이라는 말을 쓰는지에 대해 이해를 돕는다. 그리하여 단순히 인공지능이 아니라 인공지능 서비스로서 챗지피티의 탄생과 진화를 살핀다. 챗지피티나 구글(Google)의 제미나이(Gemini) 같은 인공지능 언어 모델 서비스가 이제는 텍스트 입력만이 아니라 음성과 이미지를 함께 입력으로 받고 음성 및 이미지를 텍스트와 같이 반응 결과로 준다는 점에서 다중 모드의 인공지능 서비스를 하고 있다. 나아가 다중 모드의 인공지능은 일반 인공지능을 향해 가고 있는 이때에 행동성을 가진 로봇과 사람이 하는 것과 같은 추상화 기능을 결합한 일반 인공지능의 실현이 머지않은 미래에 있을 것임을 말하는 것이기도 하다.

5장 '언어 데이터와 기계 학습'은 인공지능과 그 서비스를 있게 한 기본 모듈로서 데이터 측면과 그 데이터를 학습하는 방식에 관한 내용이다. 인공지능 언어 모델의 알고리즘으로서 트랜스포머(transformer)와 인공지능 언어 모델이 사람처럼 언어적 유려함을 갖추게 된 학습 방식인 자기 지도 학습의 내용적 측면인 단어 가림 모델, 다음 문장 추정, 다음 단어 추정에 대해서 살펴본다. 또, 인공지능을 학습시키는 딥러닝이 데이터만 주면 모든 것을 사람의 개입 없이 완벽하게 해 줄 것이라고 오해하지만 사실은 그렇지 않음을 볼 것이다. 규칙 기반의 전문가 시스템(expert system)으로부터 통계적 처리, 기계 학습, 딥러닝에 이르는 인공지능 학습 방식의 변화 과정을 보고, 인공지능 서비스를 구성하는 거대 언어 모델에 사후 학습이나 검색 증강 생성 등의 또 다른 파이프라인식 후처리 단계가 붙고 있음을 살펴본다.

6장 '언어 모델과 한국에 관한 지식'에서는 한국학을 위한 도구로서 인공지능 언어 모델을 추가 학습시키는 방법의 하나인 프롬프팅을 살펴본다. 특히 생각고리 프롬프팅이라 불리는 기법은 인공지능 언어 모델에게 제시문(prompt)에 상세한 설명식 예시문을 줌으로써 이후 새로운 질문에도 상세한 설명식 답을 할 수 있게 해 정확한 풀이에 도달하게 하는 것이다. 챗지피티나 제미나이 같은 거대 규모 인공지능 언어 모델은 한국적 · 한국학적 지식이 부족할 수밖에 없다. 영어 위주의 언어 데이터를 학습한 결과 모델이기 때문이다. 한국학적 전문 지식을 인공지능 언어 모델에 추가 학습시키기 위해 별도의 레이블링 데이터를 구축하고 이를 정밀 학습하는 과정을 거치는 일은 인적 자원의 활용이나 컴퓨팅 자원의 활용 면에서 현실성이 떨어진다. 전문 지식의 빠른 학습과 빠른 결과 확인을 위해서, 즉 지식 생산성 측면에서 프롬프팅은 인공지능을 연구 개발 도구로 활용하기에 적합한 방식이다.

7장 '언어 모델의 사회적 · 윤리적 민감도'는 책임 있는 인공지능(responsible AI)이라 불리는 주제와 관련된 것이다. 챗지피티의 성공과 등장은 인터넷 기술의 등장에 비견되기도 할 만큼 일상과 학문 영역에 큰 변화를 가져왔다. 그러나 인공지능 서비스의 확산은 앞으로 있을 결과에 대한 예측이 어려운 점이 있다. 가장 이상적인 것은 인공지능의 활용이 우리 사회에 나쁜 결과를 초래하지 않는 것이다. 따라서 책임 있는 인공지능은 나쁜 결과의 가능성에 대한 민감도가 높아야 한다. 인공지능 거대 언어 모델의 민감도(LLMs sensitivity)를 높이는 것은 언어 모델이 해당 사회의 윤리적 가치와 다양성 가치에 잘 맞는 언어 표현을 생성할 뿐만 아니라 사회 윤리적 가치에 적합하지 않은 언어적 표현을 감지하고 적정한 반응을 하도록 언어 모델을 학습시키는 것이다. 이에 비윤리성을 감지하고 대응을 잘하도록 언어 모델을 사후 학습시키는 방식에 대해 살펴본다. 책임 있는 인공지능은 인공지능 자체가 책임을 지는 것이기보다 우리가 책임 있는 솔루션을 만들어 가는 것이기 때문이다.

8장 '언어 모델의 문화 민감도'는 인공지능 언어 모델이 우리 사회의 언어문화를 총체적으로 드러낼 수 있어야 한다는 점에서 현재의 거대 언어 모델이 가진 문제점을 지적하고 이를 개선하고 있는 연구 노력에 대해 살핀다. 이 문제는 엔비디아(NVIDIA)라는 회사의 GPU 칩을 인공지능 모델 학습에 쓸 수밖에 없는 물리적 한계 때문에 부각된 경제적 · 국가적 인공지능의 주권 문제와도 관련된다. 현재 우리 생활에 많은 영향을 주고 있는 인공지능 거대 언어 모델은 영어 위주의 데이터로 학습되었기에 한국 문화나 한국적 차별성을 표현하는 데에는 한계가 있다. 이는 한국 문화에만 제한된 한계가 아니기에 문화 인류학적 관점에서 언어 모델을 개선하는 연구가 있음을 소개하고 특정 언어에 제한되지 않으면서 인류의 다양성 가치와 특정 문화권의 차별화된 문화를 드러내기 위한 국내의 노력에 대해서도 생각해 본다.

9장 '언어 모델을 활용한 교육과 검색 증강 생성'에서는 가장 많이 대중화된 인공지능 서비스로서 챗봇이 언어 교육에 많이 활용되고 있음을 말하고 생성형 언어 모델이 가진 착오(hallucination)를 극복하는 방안으로서 검색 증강 생성이 쓰이고 있음을 살펴본다. 인공지능 서비스로서 챗지피티는 즉각적인 반응성과 언어적 수려함으로 언어 학습에 매우 좋은 도구다. 그러나 인공지능 언어 모델이 데이터 내용의 학습 시점을 기준으로 갖게 되는 시간적 내용적 한계가 있다. 이에 언어 모델의 표현 생성을 검색 방식에 연계함으로써 학습된 문서 단위 데이터의 출처와 근거를 활용해 내용의 사실성을 높이는 검색 증강 생성 기법이 쓰이고 있다.

마지막으로 10장 '언어 장벽 너머 글로벌 한국학'에서는 글로벌 시대의 언어 장벽의 문제가 한국인 혹은 한국학에만 있는 것이 아니며 인공지능 서비스의 기반 언어 모델이 가진 한계이기도 함을 살핀다. 또한 언어 장벽은 단순히 언어 그 자체의 장벽이라기보다는 언어 형식을 빌려 소통되는 내용으로서 사회 문화적 장벽의 문제이기도 하다. 인공지능 거대 언어 모델 사용이 활발해지고 그 개선이 더 진행되고 있는 시점에 지구적 관점을 가진 사회적 다양성과 문화적 가치를 잘 이해하는 인공지능 언어 모델 개선을 위한 연구가 이루어지고 있다. 이러한 때에 세계적인 관점의 한국에 관한 이해를 지향하는 글로벌 한국학이 지구화와 대중화를 위한 도구로서 인공지능을 활용해 지식 생산성을 올려 가기를 희망한다.

언어와 기계

칼 폴라니(Karl Polanyi)가 말한 대전환(The great transformation)은 18세기의 3차 산업 혁명에 관한 설명에 적용될 뿐만 아니라 인공지능에 의한 4차 산업 혁명에 의한 일상과 노동의 변화에도 그대로 적용된다(Polanyi, 1944).

언어는 인류 발전과 역사를 함께해 왔다. 언어는 변하지 않고 가만히 있는 것 같지만 인류가 오랜 시간에 걸쳐 변화 발전해 왔듯이 언어도 그러하다. 언어가 우리 사회의 지식 문화를 발전하게 하는 주요 소통의 매체가 된 이

유이기도 하다. 오늘날의 언어는 인공지능이라는 기술 때문에 혹은 그 발전 속도 때문에 모두가 인공지능 언어 모델과 그 서비스의 혜택을 보고 있다. 20세기 말과 21세기 초반에는 검색을 통해 지구의 수많은 정보를 접할 수 있게 되었고 이제는 언어 지식을 다루는 더 발전된 기술인 인공지능 언어 모델이 정보와 지식의 전파 및 보급을 달성해 가고 있을 뿐만 아니라 우리의 생각 및 글쓰기 과정을 돕는 도구로서의 역할을 하고 있다.

2022년 가을 출시한 챗지피티의 생성적 글쓰기는 기대하지 못했던 수준의 언어적 유창성 때문에 인문학의 큰 부문인 글쓰기 영역이 큰 위협을 겪고 있다. 대학 등의 교육 기관에서는 내부 인터넷 망으로 챗지피티 서비스를 사용하지 못하게 하는 등의 정책적 시도도 있었다. 그러나 지금은 대부분 글쓰기 및 브레인스토밍을 위한 보조 도구로 챗지피티나 여타의 인공지능 서비스를 적극적으로 활용하고 있다. 지식 생산자의 노동 보조 도구로서의 기능을 하고 있는 것이다.

언어학은 인간의 언어를 엄밀한 규칙성과 형식성을 갖추어 설명하는 학문 분야다. 그중에서도 형식 언어학(formal linguistics)은 과거에는 인공지능에 적극적으로 연계되는 학문 중 하나였다. 언어가 인간이 가진 주요 역량 중 하나이기도 하거니와 기계 학습 이전에 규칙 기반의 언어 처리는 언어학적 규칙이 긴요했기 때문이다. 아직도 인공지능 언어 모델에 관한 주요 핵심 연구 성과가 실리는 학술 대회인 ACL(the association of computational linguistics)과 저명 학술지인 ≪CL(computational linguistics)≫이 가진 이름이 그 역사를 보여 준다. 그런데 최근에 컴퓨터과학과에서 인공지능 부문 연구를 주로 하는 연구자가 언어학은 이제 버린(jettisoned) 분야라고 한 말을 들었다. 언어 처리에서 언어학자의 역할에 대한 평가가 가혹한 것은 프레더릭 옐리네크(Frederick Jelinek)가 20세기 말에 쓴 책 『Statistical methods for speech recognition(음성 인식을 위한 통계적 방법)』의 서두에도 있다. "언어학자를 해고시킬 때마다 음성 처리 인식의 성능이 향상되었다"(Jelinek, 1997)라는 언명이 있었던 만큼 그리 새로운 혹평은 아니다. 그리고 이 교과서도 이제 인공지능이나 음성 처리 분야에서는 더는 보지 않는 책이 되었다. 언어학이나 언어학자의 역할에 대한 혹평은 컴퓨터 과학 분야 안에서 인공지능에 관한 연구만 가치 있다고 말하는 것과 별반 차이가 없다. 한편, 언어학 안에서도 인공지능이나 컴퓨터로 언어를 처리하는 과제의 연구에서 형식화를 위한 형식화(formalism)

나 기술을 위한 기술(description)을 하는 연구 경향도 있다. 컴퓨터로 처리하기 위한 언어 정보 처리는 실현 가능성(feasibility)이나 실용성(practicality)을 보일 수 있는 것이어야 하기 때문에 언어적 내용의 형식화와 기술은 지금 시대에 컴퓨터로 처리되고 필요한 방식으로 진행될 필요가 있다.

한국학과 글로벌 연구

글로벌 한국학은 글로벌 연구의 하나다. 통신과 이동 수단의 발전과 가속화는 서로 다른 민족, 나라, 문화 집단의 교류를 활발하게 하고 그런 사람들이 많이 모임으로써 서로의 차이점과 공통점에 대해 연구하게 만들었다. 이는 인류학, 사회학, 정치학, 역사학, 언어문화학 등 인간 사회의 기본 체계를 주로 연구하는 학분 분야에서 21세기에 활발하게 진행하는 한 흐름이 되었고 글로벌 한국학은 그 흐름의 하나라 볼 수 있다. 글로벌 한국학은 가속화되고 있는 지구화라는 상황 맥락에 있는 학문 분야다. 글로벌 연구는 이민자들이 많이 모이는 나라인 미국과 유럽의 대학이나 연구 기관에서 시작된 이름이다. 활동 무대가 하나의 민족 국가에 머무르는 것이 아니라 여러 지역, 즉 지구를 활동 무대로 하고 지구적인 관점에서 생각하게 하는 것이다.

한국 내의 교육 정책이나 방향에 대해 생각해 보자. 대한민국 정부는 전 국민의 AI 평생 교육을 추구하며 소프트웨어 및 AI 역량을 미래 사회 필수 역량으로 보고, 2020년 후기부터 교육대학원에 AI융합교육전공을 신설 운영하도록 교원 양성 과정 추가 승인 계획을 발표했으며, 교육대학 · 사범대학 교육 과정에 소프트웨어 및 AI 관련 내용을 필수 이수하도록 교사 자격 취득 기준 또한 개정했다(유진은, 2021, 19쪽). 우리나라는 정부에 의해 교육 정책, 표준 교과 학습 내용이 결정되고 평가 방식도 어느 정도 통제된다. 교육 분야에서 그리고 미래 세대 양성에 인공지능의 중요성은 이미 정책적으로 결정되어 있다.

2022년부터 한국은 세계에서 가장 출산율이 낮은 국가가 되었고 앞으로 어떤 극적 전환이 있지 않는 한 미래에 젊은 세대의 증가를 기대하기 어려울 수 있다. 이는 생산력의 문제일 뿐만 아니라 한국의 지속 가능한 발전과도 닿아 있다. 이웃 나라인 일본이 저출산 국가가 된 것은 오래전 일이고 중국도 출산율이 낮아지고 있을 뿐만 아니라 노령 세대가 절대적으로 많아지고 있다. 2050년이면 지구상에서 가장 젊은 세대가 많은 지역은 아프리카가 될 것이라고 한다. 한중일 교류나 동아시아 국가의 이민자들에 대한 정책뿐만 아니라 아프리카 지역과의 교류에 대해서도 정책 연구가 진행될 필요가 있음을 말한다. 아프리카 지역의 젊은 세대들의 정보 통신 기술과 인공지능 및 소프트웨어 개발, 디지털 콘텐츠 개발 등의 교육 수요를 고려해야 한다는 목소리가 나오고 있고 20년 후에는 이들에 의한 지구화가 더 가속화될 것 같다 (Google DeepMind: The Podcast, 2024.11.21).

한국학이 한국인의 전유물이라거나 한국인 주도의 학문 분야라는 인식은 우리의 활동 분야와 범위를 좁게 만들 수 있다. 인류 문화 및 다양성 가치가 한국적 문화와는 어떤 차별점이 있는지, 한국 문화에는 어떤 다양성 가치가 더 수립되어야 하는지에 대해서도 탐구해 가야 한다.

참고문헌

소대섭 외(2023). 『생성형 AI의 연구개발 동향과 글로벌 경쟁 분석(KISTI Data Insight 제39호)』. 한국과학기술정보연구원 글로벌RnD분석센터.

유진은(2021). 『AI시대 빅데이터 분석과 기계학습』. 학지사.

Google DeepMind: The Podcast(2024.11.21). AI for science with Sir Paul Nurse, Demis Hassabis, Jennifer Doudna, and John Jumper.

Jelinek, F.(1997). *Statistical methods for speech recognition.*

Cambridge, MA: MIT Press.
Polanyi, K.(1944, 1957, 2001). *The great transformation*. Boston, MA: Beacon Press.

01
글로벌 한국학

한국학(Korean studies)은 21세기에 접어들어 글로벌학(global studies)이라는 전공 분야 명칭이 생기면서 한국을 국학(national studies)으로 보기보다는 세계적 관점에서 보는 글로벌 한국학(global Korean studies)이 등장하게 되었다. 글로벌 한국학 연구 방법에서 디지털 시대에 대중화와 지구화를 가속화시키고 있는 인공지능과의 연계를 생각하지 않을 수 없다.

글로벌 연구의 등장과 흐름

글로벌 한국학(global Korean studies)은 글로벌학(global studies)의 등장 및 흐름에 맞닿아 있다. 글로벌학은 21세기에 접어들어 번성하게 된 학문 분과의 이름이다(Juergensmeyer, 2014). 이민자들이 많이 모이는 나라인 미국의 대학, 이를테면 스탠포드대학, 버클리대학, 미시건대학, 미네소타대학 등에 이 학과가 있다.

글로벌라이제이션 혹은 지구화(globalisation)는 전 세계의 사람, 회사, 정부 간의 상호 작용과 통합 과정이다(Scholte, 2008). 글로벌 연구는 사람들의 활동 무대가 하나의 민족 국가에 머무르는 것이 아니라 여러 지역, 즉 지구를 활동 무대로 하고 지구적인 관점에서 생각하는 것이다.

전통적인 한국학(Korean studies)이 한국에 관한 연구를 민족지학적 국학(ethnographical national studies)이나 동아시아연구(East Asian studies)의 한 부문에 속하는 지역학(regional studies)의 하나라면, 글로벌 한국학은 지구화 과정을 담아내는 학문 분과로서 글로벌 환경을 활동 무대로 단일 민족 국가에서 다민족 국가가 되어 가는 한국의 발전 과정을 설명하고 특정한 한 국가와 한국과의 관계가 아니라 전 지구적 관점에서 한국을 보고 연구하는 것을 목표로 한다. 이런 점에서 글로벌학이나 글로벌 한국학은 특정한 국가 간의 관계를 주로 다루는 국제 관계학(international relation)과도 차별화된다.

데이터 과학적 한국학

데이터 과학(data science)은 어떤 특정 학문 분야에 종속되기보다는 여러 분야의 데이터를 양적으로 다루는 연구 분야다. 데이터 과학은 전통적 방식의 인문학 연구에 양적 연구를 결합해 다양한 응용 연구 및 응용 분야로 진출할 수 있는 연구 방법론적 디딤돌이라 할 수 있다. 지금까지의 한국학 연구가 전통적이고 질적 연구 방식의 인문 사회학 연구로 한국어, 한국 문화, 한국 사회, 한국 정치 등을 다루었다면, 디지털 대전환의 시대에 인문학으로서 한국학이 데이터 과학적 한국학으로 변모하지 못할 이유는 없다.

디지털 전환(digital transformation, DT)은 디지털적인 모든 요소로 인해 발생하는 다양한 변화에 대응하기 위해 디지털 기반으로 조직, 프로세스, 문화, 커뮤니케이션, 시스템 등을 근본적으로 변화시키는 것을 의미한다(한국정보화진흥원, 2018). 지구화 시대에 디지털 전환은 디지털적인 모든 요소로 인해 발생하는 다양한 변화에 대응하기 위한 인위적인 전략이며 데이터 과학적 한국학은 디지털 전환의 시대에 한국학의 한 변모다.

데이터 과학적 한국학이 데이터 과학적이라는 수식어를 달았다고 해서 연구 대상이나 내용이 다른 것은 아니다. 이전에 전통적인 한국학이 연구했던 한국의 문학, 역사, 정치, 사회, 예술에 관한 주제를 연구하되 방법론이나 연구 자료 측면에서 디지털 데이터를 연구 재료로 하여 양적 분석 결과를 줄 수 있는 정보 처리/분석 방법론을 활용한다. 따라서 연구 자료는 디지털화된 역사 자료일 수도 있고 인터넷을 통해 수집된 것일 수도 있다. 연구 방법 측면에서는 데이터 과학이라는 분야가 주된 연구 방법으로 삼는 통계적 방법, 기계 학습, 더 최근에는 인공지능 기술 등이 모두 해당된다.

인공지능이라는 연결 고리

챗지피티(ChatGPT)가 불붙인 인공지능 서비스의 대중화는 4차 산업 혁명이라는 최근에 유행해 온 키워드를 실생활에 실현시키며 디지털 전환의 시대를 더 굳건하게 했다. 교육, 서비스, 실생활 어디에도 영향을 받지 않은 곳이 없다. 디지털 장비나 인터넷이 없는 곳이 아니라면 말이다.

프랭크 로젠블라트(Frank Rosenblatt)는 1957년 인공지능의 원초 기술인 다층 퍼셉트론(multi-layer perceptrons)을 도입했는데 이는 데이터로부터 기계가 학습을 해 가는 피드포워드 신경망(feedforward neural networks)의 기초가 되었고 이후 이미지 처리, 음성 처리, 자연어 처리, 전문가 시스템과 같은 인공지능 응용 영역, 그리고 현대의 딥러닝 모델에 이르기까지 큰 영향을 주었다(Quantum Zeitgeist, 2024.8.13).

로젠블라트는 두뇌 기제 모델 개발을 위한 심리학적 적합 기준을 고민했으며, 실험적 증거들을 평가해 그 결과를 다층의 연속 쌍을 이루는 퍼셉트론 이론으로 체계화했던 것이다(Rosenblatt, 1962). 이후 1960년대 후반부터 1970년대에 걸쳐 마빈 민스키(Marvin Minsky)가 퍼셉트론 이론을 더 발전시켰으며, 1980년대에 제프리 힌턴(Geoffrey E. Hinton)이 다층 신경망(multi-layered neural networks)에서 예측값과 실젯값 간 오차의 역전파(backpropagation) 문제를 개선하기 위해 신경망의 연결 가중치를 조정하는 알고리즘을 고안해 그 체계를 더욱 발전시켜 온 것이다.

인공지능 기술이나 지구화는 어느 한순간에 폭발적으로 등장하고 이룩된 것이 아니라 20세기 중반에서 21세기의 중반으로 가는 이 시점까지 짧지 않은 시간에 걸쳐 로젠 블라트, 마빈 민스키, 제프리 힌턴의 연구 성과를 이어 온 것이며 인간의 사고와 행동 과정에 대한 분석과 실험 그리고 그 발전이 현재의 모습에 이른 것이다. 오늘날 세분화된 학문 분야 어느 하나라도 인공지능에 연결되지 않는 것이 없고 지구화 현상에서 인공지능의 영향은 이루 말할 필요도 없다.

글로벌 한국학은 지구화되고 있는 현 상황에서 한국에 대해 연구하고 한국에 대해 더 잘 알게 하는 연구를 한다. 데이터 과학적 한국학이 디지털 시대에 더 많아지고 있는 디지털 자료의 수집과 더 많은 자료의 분석이 가능한 방법으로 한국학의 연구 방법론과 주제 범위를 확장하듯이 인공지능 기술이나 서비스가 한국학의 연구 방법론, 주제 범위, 소재의 연결 범위를 더 넓힐 것임은 누구도 부정하기 어려운 상황이 되었다.

참고문헌

한국정보화진흥원(2018). 혁신을 촉진하는 D7 국가의 디지털 전략 현황. D.gov Issue Report 2018-1호.

Quantum Zeitgeist(2024.8.13). Frank Rosenblatt, the creator of the perceptron in 1957. https://quantumzeitgeist.com/frank-rosenblatt-the-creato

r-of-the-perceptron-in-1957/

Rosenblatt, F.(1957). *The perceptron: A perceiving and recognizing automaton*. Buffalo, NY: Cornell Aeronautical Laboratory.

Rosenblatt, F.(1962). *Principles of neurodynamics: Perceptrons and the theory of brain mechanisms*. Buffalo, NY: Cornell Aeronautical Laboratory.

Scholte, J. A.(2008). Defining globalisation. *World economy*, 31(11), pp.1471-1502.

02
인문학과 인공지능

초거대 언어 모델인 챗지피티의 성공으로 인문학의 큰 산이었던 글쓰기 영역이 큰 위협을 겪었고 초반에는 사용하지 말게 해야 한다는 정책적 시도도 있었다. 그런데 지금은 언어 모델을 글쓰기의 도구로 활용하는 방향으로 가고 있다. 인문학뿐만 아니라 다른 학문 분야도 마찬가지다.

인문학의 위기라는 말

필자의 학부 전공은 국어국문학이다. 대학원 전공인 '국어정보학'이라는 인문학 기반의 응용 전공을 하면서도 인문학의 위기란 말을 들었으며, 인문 사회 대학 전공의 교원이 되어서도 듣는 말이다. 그런데 정말 위기인가를 따져 물어보면 '위기'라는 말의 뜻이 무엇일까를 생각하게 한다.

저명한 동물학자인 최재천의 『과학자의 서재』라는 책을 보면 여러 인문학적 이야기를 담고 있다. 그는 젊은 시절에 문예와 미술을 탐닉하며 시 쓰기를 좋아했으나 인문학을 해서 무엇을 하느냐는 가족과 주변의 만류로 이학 계열의 전공 학과를 선택하게 되었다고 한다. 그가 젊은 시절에 들었던 말은 '인문학의 위기'였다. 또, 저명한 미술가인 최열과 그의 제자 홍지석의 담화집인 『미술사 입문자를 위한 대화』를 보면 거기에도 인문 예술 분야의 위기에 대한 이야기가 있다. 그러나 그들은 인문 예술 분야에 머물렀다.

위기라는 말은 언제나 있는 말이다. 주의를 주는 정도의 말이며 더 잘 살기 위한 방편의 말이다. 위기를 알면 대처할 수 있고 기회로 만든다는 말은 괜한 말이 아니라 더 나은 방향을 찾게 하고 앞으로 갈 길을 더 잘 다지며

가게 한다. 각자가 하던 일이나 분야를 지키든 벗어나든 돌아오든 그 말은 일종의 예방 주사 같은 말이다.

인공지능 서비스로서 언어 모델의 활용이 대유행을 하고 있고 위기가 아닌 '인문학의 위기라는 언명을 접하는 이때에 인공지능과 인문학의 연계점과 인문학의 도구로서 인공지능 서비스에 대해 생각해 보는 것은 유의미하다. 왜냐하면 인공지능 서비스로서 챗지피티의 대성공은 기계의 언어적 유창성 실현이고 언어적 유창성은 인문학 역량의 특장점이기 때문이다.

글쓰기 도구로서 인공지능

챗지피티가 나온 초반에는 대학이나 교육 기관에서 그 활용을 전면 금지하기도 했고, 아직도 제한적 수준에서만 활용을 허용하기도 한다. 글쓰기를 본인이 아니라 기계에게 맡긴 결과를 베껴 오는 것은 비윤리적 행위이기 때문이다. 그런 한편으로 글쓰기에서 인공지능의 활용을 전면적 · 지속적으로 금지할 수 없는 이유는 우리가 글쓰기를 그만둘 수 없고 글쓰기에서 인공지능 언어 모델 서비스의 활용이 도움이 될 때가 많음을 누구도 부정할 수 없게 되었기 때문이다.

노트북엘엠(NotebookLM)은 구글(Google)이 최근에 제미나이(Gemini)라는 초거대 언어 모델 기반의 글쓰기 도구 서비스로 출시한 것이다. 노트북엘엠 개발에 편집 감독(editorial director)으로 참여한 스티븐 존슨(Steven Johnson)은 13종의 저서를 통해 디지털 세상에서의 생각, 창의력, 인물, 사건 등 여러 주제를 다루었다. 그는 이미 우리가 챗지피티와 같은 거대 언어 모델을 글쓰기 도구로 활용하고 있는 현실에서 글을 더 잘 쓰기 위해 인공지능에게 어떤 주제에 대해 곧바로 어떻게 생각하냐고 물어볼 수 있고 그 피드백을 글쓰기 과정에 바로 반영할 수 있게 되었다고 한다.

우리는 지금까지 글쓰기 과정에서 일단 무언가를 쓴 후에 쓴 것을 지인에게 보여 주고 의견을 물어 피드백을 받아 왔다. 최근에는 인공지능 언어 모델 서비스에 힘입어 쓴 글의 일부분을 인공지능 서비스 창에 붙여 놓고 요약하게 하거나 글쓰기가 어떤지 물어볼 수 있다. 그런데 대개의 피드백은 계속 쓰게 하는 서비스로서 아첨 같은 칭찬을 주는 것이고 글을 쓰고 있는 순간의 피드백과 개입(engagement)은 아니다.

글을 쓰는 중에 우리는 종종 보다 깊은 내면에 있는 다른 생각을 가진 나 자신의 의견을 들추고 싶고 혹은 나의 글쓰기 맥락을 공유하는 누군가의 의견을 듣고 싶어 한다. 노트북엘엠이나 챗지피티와 같은 인공지능 언어 모델 서비스가 우리의 글쓰기 도구와 생각 도구로 쓰이는 일이 더 많아질 것이고 인문학을 해 온 이들에게는 더 유익한 도구로 자리 잡아 갈 것 같다.

지렛대로서 인공지능

인공지능은 다목적 지렛대다. 여러 학문 분야에서 인공지능을 활용하는 추세다. 인공지능 기술이 실험실 수준이 아니라 서비스가 되고 일상에 자리한 지금에는 많은 학분 분야, 인문학, 사회학, 교육학, 기초 과학, 의학, 예술 체육 등 인공지능 기술을 접목한 연구가 진행되지 않는 곳이 없다.

인공지능 기술 분야를 주도해 온 학문 분야는 컴퓨터 과학이지만 그 핵심을 선도해 온 이들은 순수한 컴퓨터 과학이라기보다 기초 학문 분야다. 인공지능 분야는 어느 학문 분야의 독점적 연구 영역이 아닐뿐더러 그 혜택과 발전도 모든 분야와 함께하고 있으며, 서비스 기술이든 학문적 연구 주제든 인공지능 기술을 지렛대 삼아 또 다른 진보를 이루기 위한 기반 도구로 활용하고 있다.

올해 노벨상을 받은 이들은 인공지능 분야의 거인들이 절대 다수였다. 딥러닝 및 신경망 기술을 이끌어 온

제프리 힌턴 교수와 힌턴의 신경망 기술의 단초가 되었던 홉필드 네트워크(Hopfield network)의 고안자 존 홉필드(John Hopfield) 교수는 노벨 물리학상을 받았다. 우리에겐 알파고로 유명한 구글 딥마인드의 CEO인 데미스 하사비스(Demis Hassabis)와 딥마인드의 연구자 존 점퍼(John M. Jumper), 생물 화학자인 데이비드 베이커(David Baker) 교수는 단백질 구조를 예측하는 인공지능 모델을 개발해 노벨 화학상을 받았다(이덕환, 2024.10.23). 물리학, 생물학, 화학 등의 기초 과학 분야가 인공지능 기술을 만나 더욱 그 빛을 발한 것이다.

노벨 문학상을 받은 한강은 순수 문학자다. 우리 모두가 노벨 문학상을 탐내긴 어려운 일이겠지만 누군가 인공지능 기술의 다양한 활용성과 그 기술 내막을 인문학과 연결 지어 해석적 이야기를 만들지 말라는 법도 없다.

참고문헌

이덕환(2024.10.23). [이덕환의 과학세상] AI가 집어삼킨 노벨상…식어가는 관심. 동아사이언스, https://m.dongascience.com/news.php?idx=68071

최재천(2015). 『과학자의 서재』. 움직이는서재.

최열·홍지석(2018). 『미술사 입문자를 위한 대화』. 혜화.

Google DeepMind(2024.11.26). Inside NotebookLM with Raiza

Martin and Steven Johnson.
https://www.youtube.com/watch?v=mccQdu5afZw

03
한국학을 위한 인공지능

한국학은 전형적인 인문학의 하나이고 매우 전통적인 방식의 연구로 진행되어 왔다. 모두가 말하는 인공지능 시대에 한국학은 어떤 변화를 겪고 있고 향후에 어떤 변화가 필요할지 짚어 본다.

전통적 인문학으로서의 한국학

한국학은 전통적 인문학의 하나다. 한국학은 내적으로 문학, 역사학, 사회학, 정치학, 경제학, 언어학, 예술학 등 대개의 인문 사회 분야 분과 특성을 갖되 주제 면에서 한국이 키워드가 되고 중심이 되는 한국에 관한 분야다.

한국적 정서를 다루는 문학, 한국의 동시대적 변동성과 발전, 고대 계급 사회에서부터 중세 및 근세의 왕정 국가를 거쳐 근현대의 공화국에 이르기까지의 한국의 역사적 변천, 봉건 사회에서 공산주의 사회와 자본주의 사회로 나누어지는 과정의 정치적 특수성, 그리고 한국이 세계 시장 속의 국가로서 성장해 온 경제 발전 모델, 한국의 의사소통 체계로서 한국어의 특성, 고대로부터 현대에 이르기까지 한국의 문화유산에 대한 총체적 특성을 연구하는 수많은 한국 사회 문화에 관한 분야가 한국학이다.

또 한국학은 고대 및 중세 미술, 근현대 미술 같은 전통적 예술 장르뿐만 아니라 언제부턴가 한국 문화 산업의 성장과 함께 세계인들의 관심을 받는 한국 영화, 한국 음악, 한국 드라마 등과 같은 예능 부문에 대한 주제도 다루게 되었다. 이는 예술이나 예능 부문에 그치는 것이 아니라 이를 알리는 매체로서 미디어 분야와도 연계되어 있다.

전통적 인문학의 대표적인 소통의 수단은 책과 논고를 이루는 언어이고 텍스트다. 그런데 인간 및 인문학의 주요 소통 수단으로서 언어 및 텍스트라는 매체는 이제 인공지능이라는 기계의 활동과 개입을 피하지 못하게 되었다. 디지털 시대의 학문적 · 일상적 소통의 통로와 장비가 인터넷과 컴퓨터가 연결된 다양한 전자 장비이고 여기에는 점점 더 영향력이 커지고 있는 인공지능 및 인공지능 서비스의 개입이 없기가 힘들어지고 있기 때문이다.

글로벌 한국학의 대중화를 위한 인공지능

전통적인 한국학이 한국에 관한 연구를 국학(national studies)적 전통을 더 중시하고 순수 인문학적 연구 방식을 취한다면, 글로벌 한국학은 한국 및 한국학의 지구화를 담는 한국학으로서 한국적 특수성과 문화적 정체성을 전 지구적 관점에서 분석하고 연구하는 것이다. 따라서 연구의 범위가 넓고 분석 대상이 많다.

한국 사회와 문화의 지구화를 포함해 세계적 관점에서의 한국을 설명하는 글로벌 한국학은 전 세계적으로 많은 연구자들이 공통된 연구 방식으로 진행할 수 있는 방법론적 대중화가 더 필요하다. 인공지능의 대중화는 챗지피티라는 언어 모델 서비스가 이룬 것이라 해도 과언이 아니다. 오픈에이아이(OpenAI)의 챗지피티나 구글의 제미나이 등과 같은 인공지능 언어 모델 서비스는 이제 전 지구인들에게 대중화된 지식 탐색의 도구다. 한국학의 대중화를 위해 지식 탐색의 대중적 도구로서 인공지능의 활용은 자연스러운 일이 되었다. 인공지능 언어 모델이 한국학적 지식을 더 많이 학습하고 또 많은 사람들이 인공지능 서비스를 활용하면서 한국학적 지식이 녹아든 응답 생성 결과를 접할 기회가 더 많아지면 이것은 인공지능에 의한 한국학 대중화의 하나다.

챗지피티나 제미나이 같은 인공지능 언어 모델 서비스에게 주는 제시문을 프롬프트(prompt)라 하고, 원하는 답을 얻기 위해서 또는 인공지능이 새로운 지식을 학습할 수 있도록 제시문을 적합하게 짜는 것을 프롬프팅(prompting)이라고 한다. 다양한 제시문과 내용을 구성하는 방식으로 인공지능 언어 모델을 활용하는 일을 프롬프트 엔지니어링(prompt engineering)이라고 하며, 그런 일을 하는 직업군을 프롬프트 엔지니어(prompt engineer)라고 한다. 글로벌 한국학의 범위가 넓은 만큼 한국학적 지식의 내용도 광범위하다. 프롬프트 엔지니어링이 지식 생산자로서 한국학 연구자의 보조 도구로 활용되는 것도 실용성이 있다. 현재 인공지능 언어 모델이 한국학적 지식 질문에 정확한 결과를 주지 못하는 일이 매우 많다. 전통적 한국학의 학문적 지식으로서 내용뿐만 아니라 K-팝이나 K-컬처 등 문화 산업에 관한 한국학적 지식이 인공지능 서비스를 통해 더 정확하게 잘 표현된다면 한국학의 대중적 지식이 증가할 뿐만 아니라 학문적 지식의 기여도도 커질 것이다.

조은경(2024)의 데이터 과학적 한국학은 디지털 시대에 확보 가능한 한국학적 데이터를 수집해 이를 데이터 과학적 분석 방법 또는 인공지능 기술을 활용해 분석함으로써 양적인 분석 결과를 제시하고 인공지능 시대에 흔히 표현되는 방식으로 지식을 생산해 보자는 데에 중점을 둔다. 디지털 시대에 한국적 지식을 만들어 낼 수 있는 데이터는 앞으로도 계속 증가할 것이고 데이터 과학이든 인공지능이든 누구나 활용할 수 있는 정보 분석법은 더욱 민주화(democratization)될 것이기 때문이다.

인공지능 민주화는 정보화 사회에서 심각한 사회 문제인 '디지털 격차(digital divide)'의 해소에 닿아 있다. 우리는 식당이나 극장, 카페 등에서 주문을 도울 사람 대신 세워져 있는 키오스크를 흔히 볼 수 있고, 이 앞에서 주문하기 어려워 서성이는 누군가를 볼 때가 있다. 복잡한 시각 정보 메뉴와 절차적 진행을 따라야 하는 게 아니라 사람에게 말하듯이 원하는 것을 시각 정보와 연동해 말하면 딱 알아듣는 인공지능이 있으면 얼마나 편리하겠는가. 인공지능 민주화는 컴퓨터 시각(computer vision)을 주로 연구했던 스탠포드대학교의 리페이페이(Fei-Fei Li) 교수가 주창해 온 것이다(Li, 2024.5.16). 그녀는 시각 이미지 데이터와 이미지를 설명하는 캡션(caption) 텍스트 데이터를 같이 기계에 학습시킴으로써 멀티모달 인공지능 영역을 선도한 연구자이기도 하다. 그 데이터 세트의 이름은 이미지넷(ImageNet)이다. 이미지와 텍스트의 연결, 신경망에서의 연결, 기계와 사람의 연결이라는 뜻이 담긴 이름이다.

한국을 알리고 한국에 대해 연구하는 학문인 한국학이 전통적인 방식으로 연구된 성과를 보면 한국학은 한국학을 연구하는 지식인 엘리트의 전유물인가 싶을 정도로 질적 분석의 깊이가 깊고 때로는 자의적인 느낌이 들 정도로 그들만의 연구인가 싶을 때도 있다. 비교적 최근 글로벌라이제이션에 힘입어 K-팝이나 K-컬처 등 지구적 영향력을 갖는 대중문화에 관한 연구가 한국학을 조금 대중화시키기는 했다. 한강이 2024년에 노벨상을 받기까지는 2016년 맨부커상을 받은 그녀의 작품 『채식주의자』를 세계적인 시각에서 볼 수 있도록 그리고 서양인들의 감성에도 호소할 수 있도록 번역한 데보라 스미스(Deborah Smith)의 역할도 큰 것으로 알려져 있다. 한국학이나 한국적 무엇이 널리 알려지는 데에는 지구화와 대중적 영향력을 가진 그 무언가 지렛대가 필요하다.

인공지능 기술의 고도화와 대중화는 컴퓨터 프로그래밍을 할 수 있는 사람이 늘어나게 했다. 프로그래밍을 하지 않더라도 질문을 일정한 패턴에 따라 엑셀의 스프레드시트에 항목별로 정리하듯 만든다면 이를 인공지능 언어 모델을 활용하고 사후 학습시키는 프롬프트 엔지니어링에 곧바로 쓸 수 있다. 인공지능 언어 모델에 일괄 질문을 보내고 답을 받을 수 있는 것도 프롬프트 엔지니어링과 함께 지식 생산 및 연구의 한 방법이다.

앞으로 한국의 디지털 데이터는 더 많아질 것이며 한국학적 지식 수요도 많아질 것이다. 한국학적 지식 생산과 한국학의 대중화를 더 가속화하는 지렛대로서 인공지능 서비스나 기술을 글로벌 한국학 연구 방법이자 지식 생산의 한 방식으로 삼아 갔으면 한다.

참고문헌

조은경(2024). 『한국학과 데이터과학』. 서강대학교출판부.

Li, F.-F.(2024.5.16). With spatial intelligence, AI will understand the real world. TED Talk. https://www.youtube.com/watch?v=y8NtMZ7VGmU&t=36s

04
인공지능 언어 모델과 챗지피티

인공지능 언어 모델로서 언어 입력을 해석하고 언어 출력을 생성하기 위한 언어 데이터를 다룬 방식은 어떠했는지 짚어 보고 일반 인공지능(AGI)의 한 요소로서 언어 모델과 그 서비스의 진화를 알아본다. 나아가 다중 모드(multimodal)의 인공지능과 일반 인공지능에 대해서도 살펴본다.

인공지능 언어 모델이란

2022년 11월에 챗지피티가 나오고 일주일 만에 1억 명 이상의 사용자가 생겼고 그 영향력은 이제 모르는 이가 없을 것이다. 챗지피티는 인공지능이란 말이 일상에서 많이 쓰이게 한 언어 모델 서비스다. 인공지능이란 말이 일상에서 매우 많이 쓰이게 되었고 생성형 AI란 말도 많이 쓰이게 되었지만 언어 모델이란 말이 일상에서 그리 많이 쓰이지는 않는다. 언어라는 단어도 모델이라는 단어도 그리 특정한 의미를 가지는 것처럼 보이지 않기 때문일 것이다.

언어 모델이란 1950년대 전문가 시스템 수준의 규칙이나 패턴에 기반한 인공지능 시스템이 나온 뒤 한참 지난 20세기 말이나 21세기 초에 확률적이고 기계 학습에 의해 만든 언어적 자원을 부르는 이름이며 생성형 인공지능이 나오기 전부터 쓰이던 이름이다.

오늘날 인공지능 언어 모델의 학습 방식으로 알려진 트랜스포머(transformer)는 바스와니 등(Vaswani et al., 2017)이 개발한 것으로, 핵심은 입력(input: query)과 출력(output: key), 그리고 이 둘의 연관성 가중치(weights: value)를 함께 학습하게 하는 어텐션(attention) 메커니즘이다. 트랜스포머 모델을 검증하는 시험대는 기계 번역(machine translation)이었고 입력으로서 영어와 출력으로서 독일어, 입력으로서 영어와 출력으로서 프랑스어였다. 어텐션 메커니즘은 출발어 입력(query vector)과 목적어 출력(key vector)의 언어 표현의 뜻이 같음에 따라 매겨지고 갱신되는 가중치(value vector)에 따라 언어 모델이 학습하는 방식이다.

트랜스포머 언어 모델은 데블린 등(Devlin et al., 2018)에 의해 어텐션의 구조를 양방향으로 하고 단어 가림 모델(masked token model)과 다음 문장 추정(next sentence prediction)이라는 언어적 개연성을 추가한 모델 BERT로 발전했고, 이후 브라운 등(Brown et al., 2020)에서 훨씬 많은 데이터를 학습하고 다음 단어 추정(next token prediction)이라는 생성형으로 개선된 모델 GPT-3로 발전을 거쳤다. 챗지피티는 바로 이 GPT-3라는 생성형 언어 모델로부터 인공지능 서비스로 개발된 것이다. 그리고 우리는 그것의 풍부한 언어적 표현력과 상호 작용성에 감탄하게 되었다.

언어 모델은 단지 풍부한 단어 표현력을 갖춘 자원으로 활용되는 데에 그치지 않는다. 왕 등(Wang et al., 2024)은 거대 언어 모델이 가진 언어 맥락 이해력을 활용해 음성 인식 및 발화자 식별의 기능을 드높였다. 음성을 인식하고 발화자를 식별 처리하는 데서 모호한 음성 단어나 발화 연속성이 모호한 경우에 대해 언어 모델의 임베딩 벡터(embedding vector)를 참조해 의미적으로 더 가까운 문맥 단어로 결정하도록 활용한 것이다. 여러 화자가 참여한 음성 대화에서 발화자의 소리 음성을 정확한 텍스트로 변환하고 발화자를 구분해 표시하는 것은 오랜 숙원의 과제다. 음성 처리(speech processing) 영역에서 진행되어 온 기술에 텍스트 언어 모델로서 거대 언어 모델이 가진 문맥에 맞는 의미를 표현하는 임베딩 벡터의 장점을 활용해 음성 인공지능의 기능을 향상시킬 수 있음을 보인 것이다.

챗지피티의 탄생과 진화

챗지피티는 GPT-3라는 생성형 언어 모델에 더 많은 데이터를 학습한 gpt-3.5 모델을 기반으로 대화형 서비스를 위해 여러 가능한 응답 데이터에 전문 레이블링을 하는 사람의 순위화 결과를 피드백으로 받아 높은 순위의 응답을 택하도록 하는 강화 학습(reinforcement learning form human feedback, RLHF)이라는 정밀 학습을 거친 결과 서비스다.

챗지피티의 서비스 초반에는 응답 발화가 생성되다가

중간에 끊어진다든가 너무나 명백한 비사실 발화가 생성된다든가 하는 문제가 있었다. 그러나 얼마 지나지 않아 응답 발화의 생성이 끊어지는 것은 거의 느끼지 못할 정도로 개선된 언어 모델로 대체되었다.

챗지피티가 비사실 발화를 생성하는 문제는 언어 모델 자체가 다음 단어를 생성하는 방식이기 때문에 생성 이후의 진실성 문제를 담보할 수 없는 한계가 있다. 또, 연관된 문제로 미래의 일에 대해서는 거의 언제나 거짓을 생성하는 문제도 지적되었는데, 이는 언어 모델의 학습에 쓰인 데이터는 필연적으로 과거 데이터일 수밖에 없기 때문이다. 이러한 한계를 극복하기 위해 언어 모델의 학습에 쓰이는 데이터가 더 많이 들어가게 되었고 미래에 관한 질문에는 정확하지 않고 알 수 없다는 응답을 주는 식으로 개선되어 갔다.

사람은 대화를 할 때 글과 말만 정보로 삼는 것이 아니라 그림이나 동작 등의 시각 정보 또한 활용한다. 챗지피티는 서비스 시작 1년 후에 이미지도 생성해 응답 결과로 줄 수 있게 되었고, 2년이 되어 가는 시점인 2024년 11월 현재 GPT-4o(지피티-4 옴니)라 불리는 개선된 모델은 사회 문화적으로 문제가 되는 내용이나 윤리적 문제가 지적될 수 있는 내용에 대해서도 적절한 응답을 주는 식으로 진화 발전하고 있다.

다중 모드와 일반 인공지능

오픈에이아이의 챗지피티뿐만 아니라 구글의 제미나이나 메타(Meta, 구 페이스북)의 라마(LLaMa) 같은 거대 언어 모델은 이제 시각 정보와 언어 정보가 통합된 다중 모드(multimodal)의 대화형 서비스를 하고 있다. 초반의 챗지피티는 텍스트 형태의 질문 입력을 주고 텍스트 형태의 응답만 받는 식이었지만 지금은 음성이나 사진 등의 다른 감각 정보 데이터를 입력으로 넣고 텍스트와 함께 사진이나 음성으로도 응답을 받는 다중 모드다.

텍스트 언어 자체로는 수행력에 한계가 있다. 언어 자체가 어떤 동작이나 행동을 하지는 않기 때문이다. 그런데 이미지, 동영상, 소리, 음성, 음악 등의 데이터와 함께 텍스트 언어를 같이 학습하면 감각적으로 보다 풍부한 표현과 소통의 수단이 된다. 이렇게 인간의 여러 감각 및 인지 기능을 활용하는 방식을 다중 모드 인공지능이라 한다. 현재 개발 중인 인공지능 서비스는 언어적 · 문화적 · 사회적 지능을 갖춘 언어 모델과 함께 다중 모드 태세로 우리 인간과 상호 작용할 준비를 하고 있다.

물리적 실체로서 인공지능의 한 형태는 로봇이다. 이

미 식당이나 박물관 등에서 단순한 기능을 하는 로봇이 쓰이고 있다. 로봇에 부착된 메뉴판으로 주문을 받고 주문된 음식을 나른다든가 박물관의 콘텐츠 위치를 안내한다든가 하는 식이다(연합뉴스TV, 2023.6.23). 그런데 아직 이 로봇들과 인간이 하는 방식, 즉 말하고 이해하고 반응하는 식으로 상호 작용하고 있지는 못하다. 로봇의 물리적 동작 또한 아직은 온전하게 개발되지 못한 상태이기도 하나, 이제 남은 것은 로봇이라 불리는 동작이나 행동 위주의 인공지능 구현체들과의 결합이고 언어, 윤리, 동작 등이 일체를 이룬 일반 인공지능의 개발이다.

일반 인공지능은 텍스트, 이미지, 소리와 같은 데이터 유형이 다른 것을 학습해 다중 지능을 구사하는 것뿐만 아니라 추상화(abstracting)와 추론(reasoning)을 사람처럼 하는 것도 포함한다. 아키위레크 등(Akyürek et al., 2024)은 최근에 생성형 언어 모델을 가지고 추상화와 추론 과정을 실험한 바 있다.

참고문헌

연합뉴스TV(2023.6.23). AI '로봇 직원'이 식당 누비며 서빙 척척… 일손 덜어줘.
https://youtu.be/4uWb4vK_j6c?si=c4wHTQkdhCtfQ41

Akyürek, E., et al.(2024). The surprising effectiveness of test-time training for abstract reasoning. *arXiv preprint arXiv:2411.07279.*

Brown, T. B., et al.(2020). Language models are few-shot learners. *arXiv preprint arXiv:2005.14165.*

Devlin, J., et al.(2018). Bert: Pre-training of deep bidirectional transformers for language understanding. *arXiv preprint arXiv:1810.04805.*

Vaswani, A., et al.(2017). Attention is all you need. *31st Conference on Neural Information Processing Systems* (NIPS 2017), Long Beach, CA, USA.

Wang, Q., et al.(2024). Diarizationlm: Speaker diarization post-processing with large language models. *arXiv preprint arXiv:2401.03506.*

05
언어 데이터와 기계 학습

기계 학습은 데이터를 토대로 학습해 범주를 분류하거나 묶음을 만들어 가는 것이다. 인공지능 언어 모델로서 언어 입력을 해석하고 언어 출력을 생성하기 위한 거대 규모의 학습 데이터는 어떻게 수작업을 거치지 않고 자기 지도 학습이 될 수 있었는지 살펴본다.

기계 학습의 방법과 데이터

기계 학습(machine learning)이 컴퓨터로 자료를 분석하는 방법론의 대세가 되었고 이에 기반한 인공 신경망(artificial neural networks) 특히 다층 신경망으로 구성한 기계 학습 방법인 딥러닝(deep learning)이 대세가 되었다. 최근에는 인문 사회 분야 연구에서도 이러한 방법론을 활용하는 연구가 많아지고 있다.

기계 학습의 방법은 학습하는 데이터에 학습 목표라고 할 수 있는 레이블이 달려 있느냐 달려 있지 않느냐에 따라 지도 학습(supervised learning)과 비지도 학습(unsupervised learning)으로 나뉜다. 지도 학습은 정답 범주를 나타내는 레이블이 달린 데이터를 가지고 그 정답 범주를 구성하는 데이터 패턴을 학습하는 것이고, 비지도 학습은 레이블이 없는 데이터, 즉 특정 범주 값을 정하지 않고 어떤 패턴을 학습해 유사한 묶음을 만드는 것이다.

지도 학습이든 비지도 학습이든 데이터는 고품질의 데이터여야 한다. 지도 학습은 학습할 데이터에 사람 전문가에 의한 레이블링이 달린 것이므로 목표 범주 간 구분의 정당성과 레이블링 자체의 정확성이 담보되어야 하는 것이다. 비지도 학습을 위한 데이터도 데이터가 가진 유사한 패턴 특성에 따라 묶이려면 적어도 유사한 패턴 특성과 묶일 수 있는 속성이 있어야 하며 한 묶음과 다른 묶음으로 구분되는 속성이 있어야 한다. 데이터가 내적으로 균일하거나 너무 다른 패턴으로만 가득하다면 비지도 학습의 결과는 쓰레기일 뿐이다.

좋은 기계 학습은 좋은 선생을 만나고 좋은 책을 많이 읽으면 좋은 교육 결과가 있는 것과 같은 이치다. 이와 반대되는 상황의 학습이라면 그 결과도 반대가 될 것이다. 이는 쓰레기 데이터가 들어가면 학습된 결과도 쓰레기라는 용어인 GIGO(garbage in garbage out)가 말하는 것이기도 하다.

자기 지도 학습과 언어적 개연성

딥러닝 알고리즘과 학습 데이터 규모의 성장에 따라 자기 지도 학습(self-supervised learning)이라는 방식이 쓰이게 되었다. 이 방식은 정답 범주 레이블링을 사람이 수작업으로 하지 않은 데이터를 학습한다는 면에서는 비지도 학습에 속하지만, 데이터가 가진 내재된 특성을 자연스럽게 학습하게 한다는 점에서 자기 지도 학습이다. 이를 위해서는 학습을 통해 달성될 수 있는 정답 값이 데이터 안에 있어야 하고 이를 담보할 수 있는 데이터여야 한다.

인공지능 언어 모델이 수많은 언어 데이터를 학습해 사람 같은 수려한 언어적 구사를 모방할 수 있게 된 핵심 방식은 언어적 개연성(linguistic likelihood)에 기초한 자기 지도 학습의 세 방식인 단어 가림 모델, 다음 문장 추정, 다음 단어 추정 덕분이다.

단어 가림 모델은 가려진 단어인 ( )에 들어가는 단어 맞추기 같은 과제다. 일정한 길이의 언어 표현에서 임의의 단어를 가린 것을 입력 데이터로 하고 가리지 않은 원문을 목표 출력 데이터로 해 기계가 목푯값을 찾도록 학습시킨다(Devlin et al., 2018).

다음 문장 추정은 자연스러운 문장 연결하기 같은 과제다. 여러 문장으로 이루어진 텍스트에서 자연스럽게 이어지는 두 문장은 입력과 출력의 관계가 참이 되게 하고, 임의로 추출된 자연스러운 연결이 아닌 두 문장은 입력과 출력의 관계가 거짓이게 되게 하는 참과 거짓의 두 범주 데이터로 구성해 기계를 학습시킨다(Devlin et al., 2018).

다음 단어 추정은 다음 단어를 맞추는 과제다. 여러 단어로 연속된 언어 표현에서 다음 단어는 이전 단어의 연결에 의존해서 해석될 것이기 때문에 현재까지의 표현을 입력 데이터로 하고 다음 단어까지 있는 것을 출력 데이터로 구성해 기계를 학습시킨다(Brown et al., 2020).

단어 가림 모델, 다음 문장 추정, 다음 단어 추정 세 방식은 모두 텍스트에 내재하는 언어적 개연성을 따라 자기 지도 학습을 하게 한다. 세 방식 모두 별도의 레이블링을 필요로 하지 않고 좋은 언어적 데이터만 있으면 스스로 학습할 수 있게 하는 핵심 방법이라 할 수 있다. 또, 자기 지도 학습을 통해 임의의 표현을 적합 범주로 해석하고 좋은 표현을 생성하는 인공지능 언어 모델을 만들려면 좋은 데이터를 학습해야 한다. 이는 다시 데이터의 품질 문제로 돌아가는 이야기다.

인공지능 학습 방식의 변화

딥러닝 알고리즘의 기본 골격은 데이터가 언어든 소리든 이미지든 동일하다. 언어 모델의 큰 성공 알고리즘으로 널리 알려진 트랜스포머나 생성형 모델(generative model)은 언어 데이터 학습에만 쓰이는 것이 아니라 이미지 데이터를 다루는 컴퓨터 비전 분야나 소리, 음성, 음악을 다루는 분야에서도 쓰인다.

인공지능의 학습 방식은 처음부터 인공 신경망이나 딥러닝은 아니었다. 인공지능의 초창기인 1950~1960

년대에도 인공 신경망 알고리즘이 연구는 되었으나 전문가 시스템이라 불리는 규칙 기반의 정보 처리 방식이 주된 흐름이었다. 1980~1990년대 초반에는 확률 통계적 방식의 처리가 연구 방법의 주된 흐름이었고, 이어 데이터(말뭉치)와 훈련(학습) 알고리즘에 관한 다양한 모색을 하는 기계 학습이라는 분야가 열리고 대세가 되었다. 톰 미첼(Tom Mitchell)의 『Machine learning』(1986)이란 책은 컴퓨터 과학뿐만 아니라 정보 과학적 방법론을 활용하는 많은 분야에서 교과서로 삼는 책이기도 했다. 2010년대에 들어 하드웨어 발전과 데이터 규모의 급증으로 다층 신경망이 기계 학습과 결합해 주목을 받게 되었고 이는 딥러닝이라는 이름으로 불리며 활발한 연구가 잇따라 이제는 인공지능 기술의 일반적 학습 방식이 되었다.

전통적인 규칙 기반의 정보 처리 방식은 최종 시스템을 완성시켜 가는 모듈들의 파이프라인식 구성이었다. 언어 처리 분야의 예를 들면, 음성을 입력으로 시작한다면 소리를 음운으로 식별해 텍스트로 변환하는 음성 인식, 텍스트 문자열에서 의미 있는 단어나 형태소 단위로 만드는 어휘 형태 분석, 단어와 형태소 연속열을 문장의 구성 성분으로서 의미 있는 단위로 만드는 구문 분석, 문장 및 발화 단위로서 의미를 부여하는 화용(담화) 분석, 최종 응용 시스템에 필요한 의미 범주 · 요약 텍스트 · 번역 결과 등의 출력 등으로 구성되었다.

딥러닝 이전의 전통적 방식의 기계 학습은 규칙 기반의 정보 처리를 구성하는 각 모듈이 각각의 필요 데이터로 학습되어 모듈별 모델을 가지면서 여전히 파이프라인식으로 구성되었다. 다층 신경망 방식의 기계 학습인 딥러닝 방식의 초중반에는 'End-to-End'라 불리며 파이프라인식 구성 모듈을 두지 않고 입력에서부터 출력까지 필요한 내부적인 처리가 신경망 안에서 다 학습이 되는 것처럼 진행되기도 했다.

그런데 딥러닝 방식이 많이 연구되고 고도화되면서 또 다른 방식의 파이프라인식 구성이 도입되고 있다. 현재의 인공지능 학습 방식의 대세 알고리즘으로 자리 잡은 트랜스포머는 입력을 처리하는 인코더(encoder) 부문과 디코더(decoder) 부문을 두고 인코더와 디코더 각 부문 안에서 다층 신경망 전이 과정에 어텐션 메카니즘을 두어 내부적인 학습 가중치 최적화를 한다. 그리고 이런 메커니즘을 가진 학습 방식에 대규모 데이터를 자기지도 학습한 결과로서 오늘날의 거대 언어 모델(large language models, LLMs)이 나온 것이다.

초거대 언어 모델이 나오고부터 이를 사전 학습 언어 모델(pre-trained language model)이라 하고 응용 목적에 맞는 레이블 데이터를 별도로 구축해 이 데이터가 가진 범주 학습이 잘 되도록 하는 정밀 학습(fine-tuned training) 단계를 두는 방식이 많이 쓰였다. 그리고 챗지피티가 큰 호응을 얻고부터 초거대 언어 모델에 일정 규모의 레이블링 데이터를 가지고 정밀 학습을 하는 대신 제시문(prompt)을 맥락으로 주고 소량의 예문을 추가해 학습시키는 맥락 내 학습(in-context learning) 방식이 쓰이게 되었다. 이런 맥락 내 학습은 프롬프트 엔지니어링이라 불리고, 정밀 학습과 함께 사후 학습(post-training) 방법으로 쓰이고 있다. 또, 여기에 생성형 언어 모델의 착오(hallucination)나 연관 정보 출력을 더 늘리는 검색 증강 생성(RAG)이나 또 다른 이름의 사후 구성 모듈이 붙고 있다. 이제 딥러닝은 결코 입력에서부터 출력까지 신경망 안에서 처리되는 end-to-end 자동 학습이 아니다.

현재 그리고 이후 멀티모달(다중 모드)과 일반 인공지능 개발을 위한 구조적 모형은 전통적인 규칙 기반의 모듈 파이프라인은 아니더라도 여러 모드의 감각적 인지 채널 및 지식 콘텐츠를 활용하기 위해 또 다른 모습의 확장식 파이프라인 구성이 될 것이다.

참고문헌

Brown, T. B., et al.(2020). Language models are few-shot learners. *arXiv preprint arXiv:2005.14165.*

Devlin, J., et al.(2018). Bert: Pre-training of deep bidirectional transformers for language understanding. *arXiv preprint arXiv:1810.04805.*

Mitchell, T.(1986). *Machine learning.* McGraw-Hill.

06
언어 모델과 한국에 관한 지식

한국학을 위한 도구로서 인공지능 언어 모델과 추가 학습 방식으로서 프롬프팅을 살피고, 언어 모델에 한국에 관한 지식을 학습시키는 방안에 대해 생각해 본다.

생각고리 프롬프팅

생각고리(chain of thought, CoT) 프롬프팅은 거대 언어 모델을 사후 학습시키기 위해 제시문을 주는 방식이다. 생각고리는 복잡한 문제 즉 언어적 추론이 요구되는 문제를 생각이 고리를 이루듯이 연쇄적인 상세 문장들로 구성된 제시문을 뜻한다. 이는 웨이 등(Wei et al., 2022)이 거대 언어 모델을 사용자 목적에 맞게 훈련하기 위한 적합 방안으로 제안한 것이며, 몰랐던 지식을 레이블링된 데이터로 학습시키는 것이 아니라 인공지능 언어 모델의 추론 기능을 곧바로 활용하는 것이다.

레이블링된 데이터를 구축하는 일은 대개 일정한 절차와 많은 시간을 요구한다. 또, 레이블링된 데이터를 기반으로 거대 언어 모델을 또 한 번 정밀 학습시키는 것도 일정한 시간과 하드웨어 자원을 요구하는 일이다. 따라서 거대 언어 모델을 정밀 학습시키기 위한 많은 데이터를 만들고 절차를 거치기보다는 작은 노력의 사후 학습 방식인 프롬프팅이 실용적 방안이다.

거대 언어 모델을 프롬프팅으로 사후 학습시키는 것은 GPT-3를 제안한 논문에서 제로샷 학습(zero shot learning), 원샷 학습(one shot learning), 퓨샷 학습(few shots learning)으로 제안한 것이다. 제로샷 학습은 거대 언어 모델에 추가 예문을 주지 않고(zero shot) 제시문에 적합한 답을 얻었을 때를 말한다. 원샷 학습은 거대 언어 모델에 제시문에 원하는 답을 얻기 위한 최적의 예문 하나를 주어(one shot) 적합한 답을 얻었을 때를 말한다. 퓨샷 학습은 제시문에 원하는 답을 얻기 위한 예문을 두세 개 주어야 적합한 답을 얻었을 때를 말한다. 원샷 학습이나 퓨샷 학습은 제시문을 기준으로 예문을 추가적으로 줌으로써 학습시키는 것이므로 맥락 내 학습이라 불린다.

생각고리 프롬프팅의 예를 들면 웨이 등(Wei et al., 2022)이 보여 준 Figure.1이다. 그 내용을 한국어로 풀어 보면, 일반적인 프롬프팅은 '질문: Roger가 테니스공이 5개인데 2캔을 더 샀고 캔 1개에는 3개가 들어 있다. 그럼 이제 몇 개인가?, 답: 11개입니다, 질문: 카페테리아에 사과가 23개가 있는데 점심 만들 때에 20개를 썼고 6개를 더 샀다. 이제 몇 개인가?'이다. 이 프롬프트는 한 쌍의 질문과 답 예시를 주고 새로운 질문을 제시하는 것이다. 새로운 질문에 대한 언어 모델의 답은 27이고 틀렸다. 생각고리 프롬프팅은 제시문에서의 예시 답을 간략한 형태가 아니라 답을 내는 과정을 상세하게 풀어서 준다. 일반적 프롬프팅에서 예시 답을 '11개입니다'로 짧게 주는 것에 비해 생각고리 프롬프팅에서는 예시 답으로 'Roger가 공 5개로 시작했고, 공 3개들이 2캔을 더 샀으므로 5 + 6은 11이다. 답 11'과 같이 정답이 나오는 풀이 과정을 주는 것이다. 이런 방식으로 언어 모델이 답할 형태의 예시를 생각이 고리를 이루듯이 상세하게 풀어서 주었더니 언어 모델이 새로운 제시 질문에 대한 답도 첫째 답 예시처럼 상세하게 풀어서 '카페테리아에 원래 사과 23개가 있었는데 점심에 20개를 썼으니 23 − 20 = 3이고, 6개를 더 샀으니까 3 + 6 = 9이다. 답 9'와 같이 생성해 맞는 답을 냈다는 것이다.

프롬프팅으로 한국적 지식 구성

언어 모델은 거대 언어 모델이라 할지라도 사용자가 쓰는 목적 과제에 따라 종종 추가 학습이 필요할 수 있다. 네이버 하이퍼클로바(HyperCLOVA)와 같은 한국어 거대 언어 모델과 해외에서 만든 거대 언어 모델을 벤치마킹 테스트해 보았더니 한국에서 만든 것이 더 낫다는 평가를 듣기는 했다. 국내 기업이 만든 것이니만큼 하이퍼클로바의 한국어 기능이 더 좋을 것이고 한국적 지식이 더 나을 것이다. 하지만, 한국적 지식이 반드시 한국어로만 소통되는 것도 아니다.

텍스트 데이터를 학습함으로써 만들어지는 언어 모델은 학습된 데이터의 콘텐츠 지식이 담긴다. 언어 모델의 훈련에 쓰이는 데이터는 해당 언어와 때로는 연관 언어로 표현된 엄청난 규모의 텍스트 자료다. 따라서 해당 언어의 문법적 지식이나 어휘적 지식만 학습되기보다는 해당 언어로 표현되는 총체적 지식이 학습된다. 언어가 영어라서 서양의 지식이거나 한국어라서 한국적 지식이라 할 수 없다.

챗지피티는 한국어로 묻든 영어로 묻든 인공지능 언어 모델의 한국학적 전문 지식의 부족을 드러낸다. 한국어로 한 질문은 근현대 잡지 ≪개벽≫에 대한 것이었다. 제시문은 '근현대 잡지 개벽에 대해 알려줘'였는데 언어 모델은 유럽의 문화 운동이라는 엉뚱한 답을 했다. 유럽의 매체 문화 운동이 '개벽'이라는 뜻을 가진 유럽어 하나일 수는 있겠지만 한국어 '개벽'은 아닐 것이다. 영어로 한 질문은 한국 전쟁 휴전 회담에 관한 것이었다. 제시문 맥락을 한국 전쟁에 관한 것임을 알려주었다. 질문은 'Do you know which side argued 38 latitude as the demarcation line?(한국 전쟁 휴전회담의 쟁점 중 하나였던 군사 분계선을 삼팔선으로 하자는 주장을 유엔 측과 북한 측 중 누가 했나?)'이었는데, 챗지피티는 'It was the

United Nations Command(UNC)'라는 답을 했다. 즉, 유엔 측이 주장했다는 답을 주었다. 그런데 실제 휴전선은 평행 삼팔선도 아니며, 이 주장은 북한 측 주장이었다(조은경, 2024).

한국학적 전문 지식을 레이블링이 담긴 어떤 형태의 학습 데이터로 가공하는 일도 어려운 일이거니와 지식이 언어 모델에 잘 담기도록 학습이 되었는지 보는 일은 즉각적인 확인이 필요하기도 하다. 그러므로 어떤 전문적인 지식을 인공지능 언어 모델에 사후 학습시키는 일은 제시문을 학습시켜서 즉각적인 학습 결과를 확인할 수 있는 프롬프팅이 효율적일 것 같다(조은경 · 이경님, 2023).

한국어 데이터로 학습을 하면 한국어로 질문할 수 있는 질의응답 시스템이나 한국어로 요약해 달라는 요청을 할 수 있는 요약 시스템을 만들기가 더 쉬울 것이다. 기반 언어 모델(foundation language model)이 한국어가 대부분이므로 한국적 지식일 가능성이 더 크기 때문이다. 이 때문에 언어 모델에 한국어로 표현된 한국적 지식과 언어문화적 자산이 더 많이 학습되어야 하고 그 이전에 한국어로 작성된 지식 콘텐츠가 더 많이 만들어져야 하는 것은 당연성을 띤다. 그렇다고 하여 한국학적 지식이 반드시 한국어로만 표현되는 것은 아니므로 다른 언어 모델의 한국학적 지식에 대한 고려도 필요하다.

참고문헌

조은경·이경님(2023). 전이 학습에서 일반 의미와 영역 의미 표현 학습. 세계한국어한마당.

조은경(2024). 『한국학과 데이터과학』. 서강대학교출판부.

Wei, J., et al.(2022). Chain-of-thought prompting elicits reasoning in large language models. *Advances in neural information processing systems*, 35, pp.24824-24837.

07
언어 모델의 사회적·윤리적 민감도

인공지능 거대 언어 모델은 대량의 언어 데이터를 학습한 결과다. 그런데 젠더, 연령, 빈부, 교육, 지역 등 인간 사회의 다양한 집단에 속한 사람들을 배려할 수 있는 사회적 · 윤리적 민감도가 떨어지는 것으로 평가받고 있다. 이를 극복하는 방안과 연구 성과에 대해 살펴본다.

책임 있는 인공지능

챗지피티의 등장과 함께 글로벌 생성형 AI 시장은 폭발적으로 성장하고 있으나, 법률 · 윤리 · 개인 정보 보호 · 불평등에 대한 이슈와 논란도 함께 제기되고 있다(소대섭 외, 2023). 이는 인공지능 활용과 인공지능 기술의 책임성 문제로, 국제 사회에서도 책임 있는 인공지능(responsible AI)이라 불리며 중요한 문제로 다뤄지고 있다.

책임 있는 인공지능은 인공지능의 활용으로 우리 사회에 나쁜 결과를 초래하지 않고 일시적으로 나쁜 결과가 생기더라도 사후 대응이 빨리 이뤄질 수 있는 것을 말한다. 따라서 책임 있는 인공지능은 나쁜 결과의 가능성에 대한 민감도가 높아야 한다. 언어 모델의 민감도(LLMs sensitivity)라는 용어는 스클라 등(Sclar et al., 2024)이 제안한 것으로 언어 모델의 사회 윤리적 민감도를 높이는 프롬프트 개발에 관한 연구다.

챗지피티의 성공으로 언어 모델을 활용한 인공지능 서비스의 사용이 많아졌다. 챗지피티의 등장은 인터넷 기술의 등장에 비견될 만한 혁신으로 주목되고 있는 반면, 커지는 영향력만큼이나 부정적 위험과 이에 대한 책임에 관한 우려도 동시에 부각되고 있다. 인공지능 서비스의 활용이 확산되고 효용성은 더 커지는 것으로 보이지만 결과에 대한 책임성이 떨어지는 인공지능의 활용은 사회적 혼란을 가져올 것이기 때문이다.

챗지피티가 출범한 초반에 대학의 글쓰기 과제물로 챗지피티의 결과를 그대로 베껴 제출한 일이 있어서 문제가 되었다. 이러한 사건은 합의되지 않은 인공지능 활용의 문제점이기도 하면서, 또 한편으로는 인공지능에 의한 글쓰기와 사람에 의한 글쓰기를 판별하는 인공지능의 필요성을 만들기도 했다. 또, 챗지피티는 정보의 출처를 제공하지 않는 문제점도 지적되어 얼마 안 있어 정보 출처가 제공되는 결과가 많아지긴 했다. 그러나 여전히 생성형 인공지능 언어 모델은 모든 경우에 대해 정보 출처의 명시나 사실성 여부를 담보하지는 못한다.

언어는 사고를 표현하는 수단이므로, 인공지능 언어 모델이 어떤 대상이나 개념에 대해 얼마나 긍정적 · 부정적 민감도가 있는지는 그 언어 모델의 서비스로 드러난다. 챗지피티의 시작 초반에는 비사실에 해당하는 착오뿐만 아니라 사회적 불평등에 관련된 부적절한 응답이 지적되어 이를 개선하는 연구 개발이 많았고 실제로 많이 개선되었다.

인공지능 챗봇에서 욕설이나 비방 등의 부적절한 언

어 표현에 대한 지적은 챗지피티 이전 국내에서도 있었다. 국내에서 인공지능 언어 모델이 탑재된 챗봇 '이루다'가 언어적 윤리 문제를 드러내어 2021년 초에 서비스 중단으로 이어진 일이 있었다. 인공지능 서비스가 우리의 생활에 들어오고부터 이제 우리는 사람의 윤리나 언어 표현의 적절성뿐만 아니라 인공지능의 말 속에 드러난 혐오나 차별 문제를 들여다보아야 하게 되었다.

책임 있는 인공지능은 인공지능이 스스로 감당하기보다는 우리가 책임 있게 만들어 가야 한다. 인공지능 서비스의 책임성과 언어 모델의 민감성을 높이기 위해 거대 언어 모델이 윤리성과 비윤리성을 구별할 수 있도록 레이블링이 된 데이터를 정밀 학습시키거나 비윤리성을 맥락적으로 판별해 낼 수 있도록 프롬프트를 주어 학습시키는 사후 학습 과정이 더 많이 요구된다.

너무나 인간적이지는 않은 인공지능

챗지피티 같은 거대 언어 모델에 기반한 인공지능 서비스는 언어적 표현에서 사회적으로나 윤리적으로 명백한 문제가 있는 내용에 대해 언어적 판별을 어느 정도 하고 있는 것으로 보인다. 욕설이나 비방하는 표현의 질문이나 맥락을 주면 회피하거나 반복적으로 건전한 답을 한다. 또, 인공지능은 사람 같은 융통성과 자연스러움이 없고 좋은 데이터로 학습된 것이 아니면 나쁜 반응을 줄 수도 있다.

인공지능 서비스는 인간을 모방하는 방식으로 학습된 것이지만, 그냥 자연인으로서 사람을 모방하기보다는 윤리적으로 적정한 기준을 갖춘 데이터로 학습되어 사람과 상호 작용하도록 요구된다. 따라서 인공지능은 사람과 상호 작용하고 사람의 말에 대응을 잘할 뿐만 아니라 사회적으로나 윤리적으로 적합한 반응을 하는 언어 모델이 좋은 평가를 받고 있다.

인공지능 언어 모델의 비윤리성 범주를 학습시키기 위한 실험을 한 연구(Price et al., 2020)에서는 크라우드 소싱(crowd sourcing) 데이터, 즉 사람이 비윤리 범주를 레이블링한 데이터를 가지고 정밀 학습한 언어 모델을 평가했다. 레이블링된 데이터의 비윤리 범주는 반감(antagonise), 적대감(hostile), 무시(dismissive), 깔봄(condescending), 나쁜 일반화(generalisation_unfair), 비꼬기(sarcastic) 등의 6개였는데 범주 간 구분의 모호성이 있고 이 때문에 언어 모델의 평가 결과도 그리 좋지 않았다.

한국어 인공지능 언어 모델의 비윤리적 발화 판별을

위해서도 '차별, 혐오, 비난, 폭력, 범죄, 선정성, 욕설' 등의 범주 판별을 위한 데이터 구축과 모델 실험을 한 결과도 있으나(AI허브, 2021) 이 데이터와 모델이 상용 인공지능 서비스에 활용되었다는 소식은 아직 듣지 못했다. 이는 챗지피티 같은 현재의 인공지능 서비스 개발 속도가 더 빨라서일 수도 있지만 범주 구분의 모호성이 있기 때문이기도 할 것이다.

사람은 때론 사회적 기준이나 윤리적 기준을 잘 지키지 않는다. 우리는 어떤 집단에 속해 사회생활을 시작하게 되는 어린 시절부터 윤리 교육을 받는다. 그리고 요즘에는 여러 통로와 방식으로 사회적 다양성 가치 기준과 윤리 교육을 받고 있다. 그러면서도 언어적으로나 행동적으로나 교육받은 내용을 실생활에 반드시 실천하지 않는 경우도 있다. 그러면 우리는 그에게 비윤리적 동기와 결과에 대해 책임을 묻고 때로는 처벌도 한다.

인공지능 서비스가 비윤리적 반응을 보인다면 현재로서는 서비스 중단 정도다. 현재 인공지능 서비스에 책임을 묻는다는 것은 서비스 제공자인 사업자에게 직접적인 제재를 가하는 것이다. 인공지능이 윤리성과 사회적 · 문화적 기준을 따르지 못했을 뿐만 아니라 미래 로봇의 어떤 행동 결과가 예상치 못한 것일 때에 사람에게 하는 것과 같은 책임을 묻는다거나 처벌하기는 어렵다. 그러므로 우리는 좋은 데이터를 학습시키고 인공지능 서비스 적용에 관한 정책 마련 외에도 책임 있는 인공지능으로서 사회적 · 윤리적 민감도를 높일 수 있는 어떤 준비를 해 두어야 한다.

참고문헌

소대섭 외(2023). 『생성형 AI의 연구개발 동향과 글로벌 경쟁 분석(KISTI Data Insight 제39호)』. 한국과학기술정보연구원 글로벌RnD분석센터.

AI허브(2021). 텍스트 윤리검증 데이터. https://www.aihub.or.kr/aihubdata/data/view.do?currMenu=115&topMenu=100&aihubDataSe=realm&dataSetSn=558

Price, I., et al.(2020). Six attributes of unhealthy conversation. *arXiv preprint arXiv:2010.07410.*

Sclar, M., et al.(2023). Quantifying language models' sensitivity to spurious features in prompt design or: How i learned to start worrying about prompt formatting. *arXiv preprint arXiv:2310.11324.*

08
언어 모델의 문화 민감도

인공지능 언어 모델이 우리 사회에 미치는 영향과 의사소통적 기능이 점점 커짐에 따라 이것이 갖는 언어문화적 · 문화 인류학적 한계도 지적되고 있다. 챗지피티나 제미나이 같은 거대 인공지능은 영어 위주의 모델이기에 한국뿐만 아니라 다른 언어문화적 민감도가 떨어질 수밖에 없다. 이를 개선하기 위해 문화 인류학적 프롬프팅을 통해 문제점을 구체화하는 등의 연구개발을 하고 있다.

문화를 표현하는 언어

'문화'란 표준국어대사전에 따르면 "자연 상태에서 벗어나 일정한 목적 또는 생활 이상을 실현하고자 사회 구성원에 의해 습득, 공유, 전달되는 행동 양식이나 생활양식의 과정 및 그 과정에서 이룩하여 낸 물질적 · 정신적 소득을 통틀어 이르는 말로 의식주를 비롯하여 언어, 풍습, 종교, 학문, 예술, 제도 따위를 모두 포함"하는 말이다. 문화는 매우 뭉뚱그려진 개념이며, 그것이 싫든 좋든 사회 구성원에 의해 오랜 시간에 걸쳐 이룩된 것이므로 따라야 하는 것으로 여겨진다. 어떤 사회나 집단의 행동 양식이 납득이 어렵고 싫더라도 그것이 그 사회의 문화라고 해 버리면 일종의 받아들여야 하는 것이 되고 만다.

언어와 문화, 사회 간의 복잡 미묘한 관계는 언어 인류학(linguistic anthropology)의 오랜 탐색 주제였다. 언어 인류학은 언어가 어떻게 사람들이 문화적 믿음, 관계, 정체성을 만들고 유지해 가는 데에 수단이 되는지를 탐구하는 것이다. 언어와 문화는 서로 영향을 주고받기 때문에 문법적 형식이나 의사소통의 관습을 분석함으로써 어떻게 언어가 생각을 형성하는지 이해하게 된다.

한국 사회에서 연령이나 사회 계층에 따른 사회적 · 문화적 위계 관계는 높임말 같은 어휘 문법적 수단으로 언어적 표출이 될 수도 있지만 어떤 사건에 대한 설명이나 내용 맥락에 의해 표출이 되기도 한다. 전자 제품을 판매하는 한 젊은 직원과 제품을 보러 나온 노령의 고객이 갈등을 겪고 있는 상황을 상상해 보자. 높임말을 쓰지 않는 일은 거의 없겠지만 그 응대 내용 면에서 어휘나 설명의 상세함이 노인에게 적정할 것인가는 어려운 문제다. 전자 제품에 대한 노출 정도가 많고 해당 지식이 풍부한 노인이 아니라면 불친절로 여겨질 수 있기 때문이다. 이 같은 상황을 제3자인 한국 사람이 적정하지 않다고 보았다면 다른 문화권에서 살아온 누군가도 과연 그렇게 볼까?

서로 다른 문화적 관습이 언어 모델을 매개로 표현되고 전달될 때 사람들에게 적절하게 이해될 수 있는지도 어려운 문제다. 한국인들은 식사에서 숟가락과 젓가락을 주로 사용하지만, 서양 사람들은 나이프와 포크를 쓴다. 또, 인도 사람들은 손을 쓴다. 인공지능 언어 모델은 한국 사람이 인도에서 음식을 먹는 상황을 이야기할 때 어떤 식의 언어 표현을 쓸까. 그리고 그 언어 표현을 인도 사람 또는 한국 사람이 읽었을 때 어떤 생각을 하게 될까. 하물며 다음 단어 예측의 방식으로 대용량의 데이터를 학습한 인공지능 언어 모델이 적정한 대응을 할 수 있을까.

한국어는 한국 사회의 문화적 믿음, 관계, 정체성을 만들고 유지해 가는 주요 수단이다. 해외의 거대 언어 모델이 영어 위주의 데이터를 가지고 기반 언어 모델을 만들었고 이것이 인공지능 서비스로 이어져 많은 영향력을 과시하고 있지만, 한국어를 잘 알고 한국적 사회 문화 체계에 관한 지식이 많이 담긴 데이터를 더 잘 학습시킬 수 있는 국내의 거대 언어 모델 개발과 투자가 여전히 필요할 뿐만 아니라 더 많이 이루어져야 우리의 인공지능 주권(AI sovereignty)이 유지될 것 같다.

언어 모델의 문화 민감도와 평가

AI 주권은 우리가 속한 조직이나 정부가 인공지능 기술과 관련 데이터를 제어할 수 있는 능력을 말한다. 대표적인 이슈를 들자면 인공지능 모델을 학습시키기 위해 소요되는 하드웨어 자원인 GPU와 이를 동작시키는 소프트웨어 자원이 미국 엔비디아(NVIDIA)사의 독점 사업이기 때문에 이 회사의 규모는 엄청난 성장을 했지만, 해당 비용 지불을 위해 수많은 나라와 기업이 종속적인 사업을 할 수밖에 없는 문제가 있다. 이뿐만이 아니다. 인공지능 언어 모델과 서비스는 오픈에이아이의 챗지피티가 매우 큰 시장을 점유하고 있는 것도 같은 맥락에서의 문제다.

우리의 인공지능 역량과 주권 확보를 위해 자체적으로 또는 국내에서 소프트웨어와 기술을 개발하고 데이터를 수집·구축하는 등의 과정으로 구현된 인공지능이라면 주권적 AI(sovereign AI)라 한다(엔비디아 블로그, 2024.3.4). 대표적인 것이 네이버의 하이퍼클로바, 카카오의 코지피티(KoGPT), 엘지(LG)의 엑사원(EXAONE) 등이 있다. 그런데 초거대 언어 모델은 매우 많은 비용과 자원이 필요하기 때문에 이제는 학교나 작은 연구소 규모에서 연구 개발할 수 없는 한계가 있다. 이런 측면에서는 연구 및 교육 기관이 인공지능 주권을 잃어버린 셈이기도 하다.

인공지능 언어 모델로서 초거대 언어 모델의 돌풍 이후 여러 응용 영역에서 언어 모델을 활용해 인간 생활의 편의를 늘리려는 시도가 많다. 그런데 인공지능 주권이라는 경제적·국가적 패러다임에 관한 것이 아니더라도, 인간의 집단 지성의 집합체로서 언어 모델이 갖는 주요한 내용적 의문점이 제기되었다. 영어를 중심으로 개발되어 온 거대 언어 모델에 여러 다른 문화권에서 양성된 다양한 문화적 지식도 잘 내재화되어 있는가이다. 즉,

인류학적 가치로서 문화적 포용성의 문제가 여전히 언어 모델을 평가하는 시험대에 남아 있다는 것이다.

어떤 대상이나 개념에 대해 인지하지 못할 때 민감도가 떨어진다고 한다. 어떤 대상이나 개념을 인지한다는 것은 대체로 언어적으로 표명된다. 언어는 사고를 표현하는 수단이기 때문이다. 챗지피티로 인해 인공지능이 우리의 일상에 더 많은 영향력을 갖게 된 것으로 이해되는 이유는 그것의 언어적 표현력이 거의 사람만큼 혹은 그 이상으로 좋기 때문이다. 그런데 그것이 한국의 문화적 차별성과 가치를 잘 담고 있을까? 역으로 국내에서 자체 개발된 거대 언어 모델은 비록 한국어로 표현하더라도 외국인 또는 다른 문화권에서 보았을 때 적합하고 타당할까?

문화적 다양성은 서로 다른 문화권 안에 살아가고 있는 인류의 가치이며 인류학적 문제이기도 하다. 문화적 다양성과 기준이 언어로 표출되므로, 그러한 언어적 데이터를 모아서 학습한 언어 모델이 다른 문화권에 속한 인류의 다양성 가치를 포용하고 있는가를 평가할 수 있다면 인공지능 언어 모델의 활용 가치는 인류가 만든 인공물로서 인류학적 의의가 더 올라갈 것이다. 최근에는 거대 언어 모델에 문화 다양성이 담긴 제시문을 주는 것을 인류학적 프롬프팅(anthropological prompting)이라 부르며 인공지능 언어 모델이 문화적 · 인류적 다양성 가치를 잘 담고 있는지 평가하는 연구가 늘고 있다.

알카미시 등(AlKhamissi et al, 2024)은 영어 위주의 언어 모델과 다른 언어 모델 간의 문화 인류학적 정렬(alignment)에 관한 연구를 했다. 영어 위주로 학습된 거대 언어 모델이 그들이 속한 이집트의 언어문화나 사회적 특성을 표현하는 데에 한계가 있음을 보인 것이다. 그들은 영어 위주의 거대 언어 모델인 라마(LLama-2-chat)와 다국어가 학습된 거대 언어 모델인 GPT-3.5, 아랍어(이집트)에 특화된 거대 언어 모델인 AceGPT-13B-chat을 인류학적 프롬프팅으로 비교했다. 인구 통계학적 방법으로서 사회 계층, 교육 수준, 지역(이집트의 수도와 지방), 성별, 연령, 결혼 여부의 여섯 가지 주제에 걸친 전반적인 질문 집합을 구축하고 이를 세 거대 언어 모델에 입력으로 주어 실험함으로써 영어에 치중된 학습을 한 언어 모델과 다국어 모델, 아랍어 모델이 보이는 차이가 유의미하며 특히 아랍어 모델은 이집트 지역의 여섯 가지 주제 질문에 대한 응답 정확도가 높음을 보였다. 이는 언어 모델이 인류학적 문제를 답하는 데에 유용할 뿐만 아니라 어떤 사회 문화에 특정적인 지식을 잘 표현하려면 해당 언어로 된 데이터를 더 많이 학습해야 함을 드러낸다.

한국의 사회적 · 윤리적 민감도와 함께 언어문화적 민감도를 모델링하기 위한 연구 개발이 진행되고 있다. 가장 많이 쓰이는 챗지피티의 GPT-4o라는 인공지능 언어 모델은 영어 위주의 모델이다. 이 모델은 5% 미만의 한국어 데이터가 학습된 것으로 알려져 있다. 해외에서 개발된 지피티나 제미나이 등의 언어 모델을 많은 데이터를 주입해 실험하려면 일정 비용을 지불해야 한다. 무료로 쓸 수 있는 작은 규모의 라마를 쓸 수 있긴 하지만 작은 모델이니만큼 언어적 커버리지가 작기 때문에 이 모델을 가지고 실험 결과를 내는 것은 큰 의미가 없을 것이다. 주권적 인공지능으로서 국내에서 개발된 초거대 언어 모델이 있긴 하지만, 가장 큰 모델로 알려진 네이버 하이퍼클로바를 연구용으로 쓰려고 해도 일정 비용을 지불해야 한다. 한국적 언어문화를 잘 표현하고 다른 문화와 구별할 수 있는 언어 모델을 개발하는 것은 아직 정복되지 않은 주제이지만, 기존의 언어 모델을 활용하는 부문에서부터 주도권적 한계가 있다. 그럼에도 불구하고 제한적 범위에서 연구 개발을 수행해야 한국적 언어문화와 함께 문화 인류학적 가치를 거대 해외 자본과 독점적 기업에 뺏기지 않을 것이다.

참고문헌

엔비디아 블로그(2024.3.4). 소버린 AI(Sovereign AI)란?. https://blogs.nvidia.co.kr/blog/what-is-sovereign-ai/

AlKhamissi, B., et al.(2024). Investigating cultural alignment of large language models. In *Proceedings of the 62nd Annual Meeting of the Association for Computational Linguistics.*

09
언어 모델을 활용한 교육과 검색 증강 생성

생성형 언어 모델의 큰 성공은 특히 언어 교육 분야에 많은 영향을 주었다. 생성형 언어 모델의 서비스로서 챗지피티는 학습 현장에서 즉각적인 반응을 주는 대화형이기 때문이다. 그런데 생성형 언어 모델은 근본적으로 사실이 아닌 착오 표현을 종종 생성한다. 이를 보완하기 위해 사실성 검증 과정으로서 검색 증강 생성이 쓰인다.

인공지능을 활용한 교육과 평가

우리는 가정과 학교와 소속된 사회 집단에서 다양한 방식으로 지속적인 학습을 한다. 데이터를 학습한 인공지능이 우리의 일상을 침범하고서부터 교육 부문 어디에도 쓰이지 못할 곳은 없는 듯하다. 인공지능을 이루게 한 기계 학습에 관한 책을 보면 기본 용어들은 인간의 교육에 쓰이는 용어들과 유사한 것들이 많다. '학습(learning)'이라는 용어 자체가 그렇고 '평가(evaluation)'와 '훈련(training)'도 마찬가지다. 딥러닝 이전의 전통적인 기계 학습이 통계적인 방식을 많이 활용하긴 했으나 기본적으로 사람이 학습하는 방식을 모방하는 것이 많았고, 신경망 기반의 딥러닝은 그야말로 사람의 인지 기능을 모방하려는 것이므로 더욱 그러하다.

그런데 사람의 교육적 효과는 대개 한참 후에 발현되는 지연된 보상(delayed reward)이다. 학습 내용은 나쁜 것일 수도 있고 좋은 것일 수도 있다. 학습된 내용이 우리 삶에 발현되었을 때도 일정 정도 시간이 지난 후에야 그것이 좋은 교육 내용이었는지 아닌지가 평가되고 좋은 평가이면 긍정적 보상이 돌아온다. 인공지능을 활용한 교육이 단기적 시각에서 보면 즉각적 반응과 실용성 면에서 빠른 보상을 주고 있지만, 장기적 시각으로 보면 아직 판단하기는 어렵다. 그러나 지연된 보상이 있기까지 교육의 효과를 기다릴 수는 없기 때문에 시험이나 일정한 측정 절차를 거치고 그에 관한 평가를 한다.

교육 평가 측면에서 빠른 반응은 정확도와는 상반되는 결과를 보인다는 연구가 있다(신효정, 2021). 온라인 평가 프로그램인 PISA(program for international student assessment: 국제 학생 평가 프로그램) 시험을 본 학생들의 반응 속도와 정확도 상관관계를 분석했더니 정확도가 높은 학생들의 반응 속도가 조금 더 느리다는 것이었다. 정확성에는 신중함이 요구되고 다소 지연이 있을 수도 있다는 말이다.

다른 모든 부문의 교육 효과도 그렇겠지만 언어 교육의 효과는 더욱 지연된다. 언어는 다른 모든 지식 콘텐츠의 메타 지식이며 자잘한 지식 내용이 광범위한 분포를 보이기 때문에 해당 지식이 필요할 때에만 활성화되어야 적합해 보인다. 이를테면 외국어 학습에서 글자, 어휘, 문법, 말하기, 쓰기 등 여러 세부 영역을 짧지 않은 시간에 걸쳐 학습하지만 어떤 언어 표현 하나가 필요한 때를 만나서 제대로 쓰이기까지는 한참이 걸린다. 그렇기 때문에 제시문에 관한 적절한 언어 내용을 산출할 뿐만 아니라 즉각적인 반응이 있는 언어 모델을 통한 인공지능 서비스가 빠르게 교육의 영역을 침범하고 있는 것이다.

아기가 엄마와 말을 배워 가는 과정이 효율적인 이유는 즉각적인 반응일 것이다. 챗지피티도 즉각적인 반응을 준다는 점에서 언어 학습에 매우 좋은 반응성을 가지고 있고 그 어휘적 · 문법적 수준도 훌륭하다. 사람은 간혹 비문도 말하고 더듬기도 하지만 챗지피티는 유창성과 빠른 반응으로 접근성과 시간 효율성이 좋은 대화 상대다.

착오를 줄이는 검색 증강 생성

외국어 교육에서 생성형 언어 모델의 생성 결과를 교육 콘텐츠로 활용하는 시도가 많다. 교육 콘텐츠는 그 내용면에서 사실성과 고품질을 담보해야 하는 의무성을 띠고 있다. 생성형 언어 모델(generative language model)은 다음 단어 추정이라는 기술적 기반 속성으로 인해 착오라 불리는 잘못된 지식의 생성이 많이 보고되었다.

챗지피티는 생성형 인공지능 서비스다. 생성된 텍스트 자체는 즉각적인 언어 교육에 활용하기 좋을 만큼 문법적이고 어휘 결합도 적합하지만, 서비스의 초반에는 사실이 아니거나 논리적 인과성이 떨어지는 내용의 텍스트를 생성하는 착오 문제가 많이 지적되었다. 이러한 문제를 해결하기 위해 생성형 인공지능 언어 모델에 검색 엔진의 기능인 문서 단위 지식 결과를 주는 방식을 연계해 사실성 여부를 한 번 더 검증하는 과정을 거치게 하고 있다.

사전 학습 언어 모델은 활용 시점에서 볼 때 물리적 한계가 있다. 사전 학습 언어 모델이 학습한 데이터는 시간적으로 과거 데이터일 수밖에 없고 내용적으로 학습에 쓰인 데이터에 제한된다는 시간적 · 내용적 한계가 그것이다. 이에, 언어 모델을 생성 목적으로 활용할 때 검색 방식을 연계함으로써 언어 모델의 특정성, 다양성, 사실성을 높이는 기법으로 검색 증강 생성(retrieval-augmented generation, RAG)이 제안되었다(Lewis et al., 2020).

검색 증강 생성은 최근의 참고 도서가 아니고는 잘 다뤄지지 않는다. 주래프스키와 마틴(Jurafsky & Martin, 2000/2023)의 『음성과 언어 처리: 기계는 어떻게 사람의 말을 이해할까?』라는 책은 2023년 초에 국내에서 번역 출간되었지만, 3판부터는 종이책을 내지 않고 온라인으로만 갱신하면서 2023년 말경에 추가한 챕터에서 이 주제를 다루고 있다. 또, 딥러닝의 최근 종착 알고리즘인 트랜스포머 모델에 관한 설명을 고안자보다 더 잘한 것으로 유명한 제이 알라마르(Jay Alammar)와 딥러닝 이전의 토픽 모델링 방식을 구글의 트랜스포머 모델인 BERT와 결합한 BERTopicmodel을 개발한 마르텐 그루텐도르스트(Maarten Grootendorst)가 2024년 가을에 펴낸 『Hands-on large language models』이란 책에서도 이 주제, 검색 증강 생성을 비중 있게 다루고 있다.

검색 증강 생성의 핵심은 사전 학습 언어 모델의 기반 학습 방식인 다음 단어 추정에 전적으로 의존하기보다 밀집 벡터(dense vector)라 불리는 학습에 쓰인 데이터의 문서 단위 검색 데이터에서 추출된 랭킹 순위가 높은 지식을 연계해 언어 텍스트를 생성하는 것이다. 그리하여 문서 단위 검색 데이터가 저장된 벡터 저장소로부터 참조 및 출처 정보를 가져와서 생성 결과로 제시할 수 있고 근거 있는 생성 결과를 줌으로써 비사실 정보를 줄일 수 있게 되는 것이다.

참고문헌

신효정(2021). 프로세스 데이터를 활용한 응답속도와 정확도의 관계 분석: PISA 2015 미국과 한국의 사례를 중심으로. ≪교육평가연구≫, 34권 3호, 587-614쪽.

Alammar, J., & Gootendorst, M.(2024). *Hands-on large language models: Language understanding and generation.* O’Reilly Media Inc.

Lewis, P., et al.(2020). Retrieval–augmented generation for knowledge–intensive NLP tasks. *Advances in neural information processing systems*, 33, pp.9459–9474.

Jurafsky, D., & Martin, J.(2000). *Speech and language processing*. 박은숙 옮김(2023). 『음성과 언어 처리: 기계는 어떻게 사람의 말을 이해할까?』. 에이콘출판. https://web.stanford.edu/~jurafsky/slp3/

10
언어 장벽 너머 글로벌 한국학

글로벌 시대이지만 요즘의 언어 장벽은 인공지능 챗봇이 다소 낮춰 주고 있다. 글로벌 한국학은 한국이라는 지역적 관점의 한계를 넘어 세계적 관점에서 한국을 보고 연구하는 학문을 지향한다. 한국어나 영어 등의 언어 그 자체만이 장벽이 아니라 언어로 표출되는 사회 문화적 인식 내용이 장벽이기도 하다. 글로벌 한국학의 지식 생산 보조 도구로 지구화와 대중화를 앞당기고 있는 인공지능 기술을 활용해 가야 할 때다.

글로벌 시대의 언어 장벽

영어가 글로벌 언어로 간주되는 세계에 사는 우리는 종종 우리의 생각을 표현하고 우리의 생각이 받아들여지는 데서 다소 불리한 점을 겪어 왔다(Sanisel, 2023.4.17). 이러한 점은 '영어 울렁증'이라는 표현이 있을 만큼 영어 의사소통의 문제를 겪기도 하는 한국인만의 문제는 아닌 것 같다. 그런데 인공지능 언어 모델 서비스 활용을 통해 영어로 생각을 표현하고 영어로 상호 작용하는 일이 더 쉬워졌다. 인공지능 언어 모델은 이제 텍스트 언어, 음성 언어, 시각 이미지 등을 입력받는 다중 모드로 가고 있고 언어적 생성 능력도 더 잘 다듬어지고 있기 때문에 앞으로 우리가 영어 의사소통 역량을 향상하는 것은 더 쉬워질 것이다.

그런데 한국어가 외국어인 누군가가 한국어로 소통을 해야 한다거나 한국적 언어문화에 익숙하지 못해 겪는 어려움은 어떨까. 우리가 잘 모르는 언어를 사용하는 어떤 문화권에 여행을 가서 겪는 어려움과 유사할 것이다. 그런데 요즘은 여행을 돕는 앱이 웬만한 번역은 해 주고, 챗지피티에게 한국어로 물어보면 희귀 언어가 아니라면 해당 언어로 번역도 잘 해 준다. 외국인이 챗지피티와 어설픈 한국어로라도 채팅을 하면서 한국어가 향상되고 한국 문화 지식을 더 늘리고 있다는 말을 종종 듣는다. 글로벌 시대에 언어 장벽은 인공지능 챗봇이 어느 정도 덜어 주고 있다.

그런 한편, 인공지능의 기반인 거대 언어 모델이 사회적 · 문화적 다양성을 갖추어야 하는 지구적 관점을 온전히 표현하지 못하고 있다는 보고가 있다(Durmus et al., 2023). 이 연구는 여러 나라에 걸친 글로벌 이슈에 대해 다양한 의견을 조사한 모범 질문 답변 데이터 세트인 GlobalOpinionQA를 구축해 평가한 결과였다. 이 연구는 GlobalOpinionQA 데이터 세트의 질문들을 거대 언어 모델에 던졌을 때 생성된 답과 사람들에게 해당 질문을 주었을 때 받은 응답을 비교 평가하는 체계를 두었다. 즉, 인공지능 언어 모델이 얼마나 사회적 다양성 관점을 잘 학습한 언어 모델인지, 또 사람들은 어떠한 사회성 다양성 관점을 가졌는지를 평가하는 것이다. 그 연구자들은 챗지피티를 개발한 오픈에이아이에서 나와 앤트로픽(Anthropic)이라는 회사를 창업한 뒤 챗지피티에 필적하는, 때로는 더 나은 성능을 보이는 것으로 보고된 바 있는 언어 모델 클로드(Claude)의 개발에 참여한 이들이다.

영어 중심으로 학습된 거대 언어 모델의 한계를 극복

하는 것은 젠더 편향, 지역 편향, 인종 · 민족 편향 등 각종 사회적 쟁점 사항과도 관련되어 있기 때문에 단순히 언어 장벽의 문제가 아니다. 지구화 시대에 우리 사회 어디에나 있는 관습적 윤리 문제를 거대 언어 모델을 통해 다양성 가치와 지속 발전의 주제로 드러내고 측정할 수 있다(Shen et al, 2024). 글로벌 시대의 언어 장벽은 단순한 언어 장벽이 아니라 언어로 드러나는 사회적 · 문화적 장벽이기에 그렇다.

장벽 넘을 사다리로서 인공지능

인공지능 서비스가 활발해진 글로벌 시대는 언어만이 장벽이 아니다. 인공지능 같은 디지털 문명보다 당장 살아가야 하는 환경 문제와 배고픔의 문제가 더 시급한 사회에서 사는 이들에게 인공지능 언어 모델이니 하는 것들은 아무런 쓸모가 없을 수 있다. 또, 신분 제도가 유효하거나 성별에 따른 차별이 유지되는 사회에 사는 이들에게 인공지능 언어 모델이니 하는 것은 허상 같은 것일 수 있다. 그렇다고 하여 이들이 디지털문명을 계속 몰라도 된다고 간주하고 이들에게 디지털 문명의 이기에 대한 교육을 하지 않는 것은 우리가 그러한 사회를 무시하는 또 하나의 장벽이다.

국가적 · 민족적 장벽은 물리적이다. 국가적 · 민족적 장벽에 의한 영향과 제한을 받는 사회 제도나 제도권적 특성은 대체로 언어적으로 표명된다. 그런데 제한적 특성을 띠는 사회 제도는 아니지만 문화적 장벽도 있음을 우리는 안다. 우리는 비물리적 장벽을 허물 때 '이해'라는 말을 한다. 다른 사회 집단과의 문화적 가치에 대한 이해는 언어적으로 달성된다. 인공지능 언어 모델이 오늘날의 여러 가지 장벽을 넘을 사다리가 될 수 있다.

글로벌 한국학은 한국에 관한 전 분야 주제를 학문적으로 분석하는 분야이기도 하면서 한국의 가치와 정체성을 잘 알리는 학문 분야이기도 하다. 기계 학습에서 범주 간 구분이 모호한 데이터가 많으면 범주 분류 모델이 잘 만들어지지 않듯이 한국적 정체성과 한국적 가치가 불분명해진다면 다른 민족이나 사회 집단과의 차이가 불분명해질 뿐만 아니라 도대체 한국이란 또 한국학이란 무엇인가는 의문이 들 수밖에 없다.

글로벌 한국학은 한국이라는 물리적 · 집단적 속성뿐만 아니라 사회적 · 문화적 · 언어적 가치를 띤 한국을 만들어 가고, 이를 내적 자부심에 머물 것이 아니라 글로벌 관점에서 차별화된 가치가 될 수 있도록 만들어 가는 것이기도 하다. 우리는 인공지능 언어 모델과 그 서비스가 많은 부문에서 지구화와 대중화를 앞당기고 있음을 본다. 이 시점에서 세계적 관점에서 한국을 이해하는 연구 방법으로서 글로벌 한국학은 한국의 정체성과 차별화된 가치를 띤 지식 생산뿐 아니라 재배포 모델로서 인공지능 언어 모델의 활용을 탐구할 필요가 있다.

참고문헌

Durmus, E., et al.(2023). Towards measuring the representation of subjective global opinions in language models. *arXiv preprint arXiv:2306.16388.*

Sanisel, M.(2023.4.17). Generative AI: Bridging the gap and fostering equity and diversity. Medium. https://sanisel.medium.com/generative-ai-bridging-the-gap-and-fostering-equity-and-diversity-25908d98590b

Shen, L., et al.(2024). The language barrier: Dissecting safety challenges of llms in multilingual contexts. *arXiv preprint arXiv:2401.13136.*

조은경

서강대학교 글로벌한국학과 전임 교수이며 컴퓨터공학과에 겸직으로 재직 중이다. 연세대학교 국어국문학과 학사, 언어정보학과 석사, 서강대학교 컴퓨터공학과 석사, 연세대학교 언어정보학과 박사 학위가 있다. 문화체육관광부 주관의 21세기 세종계획에 참여했고, 한국연구재단, 산업자원부, 정보통신기획평가원 주관의 다양한 한국어 정보 처리 연구 과제에 참여한 바 있다. 한국전자통신연구원 언어공학연구부에서 위촉 연구원으로, 다음커뮤니케이션(현 카카오) 검색포털본부에서 소프트웨어개발자로, 삼성전자 선행개발팀에서 시니어소프트웨어 개발자로 언어 정보 처리 업무를 담당했다. 주요 논저로 박사 학위 논문 "국어 공지시 해석 시스템에 관한 연구"(2007), "감성 분석 연구의 현황과 말뭉치에 기반한 사례 분석"(2012), "디지털 사회의 가치와 언어 연구 방법"(2016), "Improving educational dialog system for historical world affairs" (2021), 『한국어 텍스트 감성분석』(2017, 2022), 『한국학과 데이터과학』(2024) 등이 있다. 현재는 한국연구재단의 "대화 분석에 근거한 인간과 기계와의 인터페이스 설계" 과제와 정보통신기획평가원의 "사회적, 윤리적 학습을 위한 데이터 특성 및 생성 AI 모델의 윤리성 향상" 과제를 수행하고 있다.